Adolescencia: cómo entender a tu hijo

ViViR MEJOR

JUAN PABLO ARREDONDO

Adolescencia: cómo entender a tu hijo

Prólogo de **MARTHA DEBAYLE**

VERGARA

MÉXICO · BARCELONA · BOGOTÁ · BUENOS AIRES · CARACAS · MADRID · MONTEVIDEO · MIAMI · SANTIAGO DE CHILE

Adolescencia: cómo entender a tu hijo

Primera edición, noviembre 2012

D.R. © 2011, Juan Pablo Arredondo
D.R. © 2011, Ediciones B México, S. A. de C. V.
   Bradley 52, Anzures, DF-11590, MÉXICO
   www.edicionesb.mx
   editorial@edicionesb.com

ISBN 978 - 607 - 480 - 380 - 8

Impreso en México | *Printed in Mexico*

PRÓLOGO

Sabemos lo complejo que siempre ha sido, pero más hoy, tratar con un o una adolescente dentro de nuestras casas, no sólo por el hecho de que son ¡in-so-por-ta-bles!, jajajaja, sin llenadera, inconformes, rebeldes y hasta contestones, sí, todo eso que ya conocemos de los adolescentes, sino porque son nuestros propios hijos o hijas con los que ya no sabemos ni qué hacer. Si nos ponemos ultra duros, somos malos padres; si los dejamos hacer lo que quieran, somos unos padres súper barcos.

Y cuando tu hija llegue a esta etapa, empezarás a ver todo en retrospectiva: de ser una bebé, que pronto se convirtió en *tu* niña, ahora tienes en la sala de tu casa a una *teenager* con un *piercing* recién hecho y con un novio lleno de tatuajes y, por si fuera poco, diciéndote que va a dejar la escuela o que se quiere ir a estudiar fuera del país. O sea, ¿qué?, ¿cómo? ¿Ésta es tu hija la que ayer era una niña? Sí, señoras y señores, es la misma, sólo que acaba de entrar a esta hermosa etapa, conocida ampliamente por todos: la adolescencia; tal vez una de las mejores para ella, pero en la que tú ves a cada uno de los adolescentes como unos verdaderos monstruos con la hormona a todo lo que da.

A pesar de todo esto, estar con un o una adolescente no es tan malo como parece, puesto que sólo es un lapso por el que nosotros como padres debemos pasar; es decir, no va durar mucho tiempo y mientras mejor lo sepamos manejar, nadie sufrirá demasiado. De eso se trata la vida.

Pero si se sienten incapaces de enfrentarse a esta nueva situación o quieren asegurarse de que lo están haciendo bien, este libro les vendrá como anillo al dedo, puesto que Juan Pablo Arredondo, un gran psicólogo, terapeuta y amigo mío, es un verdadero experto en este tema, dado que ha ayudado a varios adolescentes y a sus familiares a llevar (¡por fin!) la fiesta en paz. Y sus dos libros anteriores, que han sido todo un éxito, lo respaldan: *Límites y berrinches* y *Hablemos de sexo con los niños*.

Así que éste no será el típico libro que te enseñe todo sobre la adolescencia, al contrario, Juan Pablo Arredondo sabe que siempre son mejores las pequeñas dosis de información, reno-vadas, sencillas y con ejemplos de casos verdaderos. Por eso prefiere abordar la adolescencia desde distintos cuestionamien-tos actuales, como el internet, las redes sociales, el *bullying* y la bisexualidad, entre otros asuntos. Temas que antes casi no se tocaban: porque no existían o por ser tabú.

Por lo tanto, antes de que regañen o pongan límites absurdos a su hijo o hija adolescente o antes de que se sientan desespera-dos, abran este libro, infórmense y compréndanlos, pues como bien lo dice el autor a lo largo del texto, se trata de hablar con ellos, de apoyarlos, de guiarlos, de entenderlos, de darles segu-ridad y confianza.

Y no me dejarán mentir, tal vez todos llevamos un adoles-cente dentro de nosotros, sólo que quizá menos complicado que el que está ahora en la sala con su novio o novia, o chateando en la computadora.

Auguro el mejor de los éxitos a estas reflexiones de Juan Pablo Arredondo y, sobre todo, a ti que tienes este libro en las manos para entender al adolescente de ahora que viene con todo.

Martha Debayle

INTRODUCCIÓN

El proceso de la adolescencia es complejo. Desde el punto de vista psicológico, se trata de una etapa donde el ser humano se halla en un lugar indeterminado: no es niño ni un adulto, sólo un adolescente.

Es una época de cambios, crisis y conflictos, no únicamente para los jóvenes sino para todo el núcleo familiar. Por esta razón, la relación entre padres e hijos se vuelve complicada, genera tensión. El niño o la niña que era dócil, amable, tranquilo y obediente, de pronto se transforma en un joven rebelde, irritable, inconstante y ansioso, con quien se vuelve difícil convivir.

Este libro tiene como propósito comprender la actitud del adolescente: qué piensa, qué siente, qué origina su comportamiento y reacciones intempestivas, cuáles son sus inquietudes, cómo vive los cambios que esta edad trae consigo, cuáles son los principales problemas y desafíos que enfrenta.

Cuando se logra conocer y advertir lo que está viviendo el adolescente, se genera una especie de empatía que permite establecer una mejor convivencia y un sentimiento de compasión (no con una connotación de lástima, sino en un sentido amoroso de entendimiento de su estado emocional, combinado con un deseo de aliviar su sufrimiento). Pareciera que a muchos padres se nos olvida que en una etapa de nuestra vida también fuimos adolescentes. De lo que se trata es de recordar nuestra propia experiencia para aplicar ese conocimiento en los tiempos actuales.

El segundo objetivo es que, una vez que se comprenda el proceso que vive el adolescente, se cuente con las herramientas y los recursos necesarios para apoyar en su desarrollo y sana resolución de la etapa; en vez de obstaculizar y complicar más su transición.

El tercer propósito es que los padres, teniendo en cuenta los factores de protección, puedan orientar a su hijo para que logre desarrollar su máximo potencial sin correr los riesgos naturales a esta edad.

Es muy frecuente que durante la etapa de adolescencia se geste una enemistad y confrontación (en ambos sentidos) entre padres e hijo: primero el adolescente ve como enemigo a sus padres y, como ya lo veremos, esto es natural. El problema es que cuando los padres no comprenden el origen de su comportamiento, también ven al hijo como un enemigo y así se inicia una batalla sin sentido. Los padres empiezan a pelear con su hijo porque quieren que siga dependiendo completamente de ellos y haciéndoles caso igual que antes, cuando la realidad es otra: el hijo está comenzando a extender sus alas para volar por sí mismo.

De lo que se trata es que tanto los padres como el adolescente comprendan que no son enemigos, sino integrantes del mismo equipo, con una misma meta: transitar por esta etapa de manera armónica y lograr el sano desarrollo integral del adolescente, tanto físico, mental como emocional. En este libro veremos a la adolescencia como una experiencia de desarrollo del ser.

Suelo hacer una analogía ilustrativa de los adolescentes con los caballos, porque reaccionan de igual manera si se les jala mucho la rienda que si se les suelta demasiado. Si se tira muy fuerte de la rienda, puede ocurrir una de las siguientes cuatro opciones.

Primera, que el caballo se detenga y ya no quiera continuar andando. Es el adolescente al que se controló y limitó tanto, quien se desmotiva y de pronto decide no hacer nada. Desiste de sus metas y de sus proyectos; se sacude las expectativas que los padres tienen de él y renuncia en su intento por complacerlos.

Segunda, el caballo repara y tira al jinete; está enojado, pateando y relinchando. Es el adolescente que se rebela, confronta y pelea.

Tercera, se jala tanto la rienda que ésta se revienta y el caballo se desboca. Es el adolescente que se siente tan presionado, que rompe los lazos familiares y huye. Los padres lo pierden… ¡se les va!

Cuarta, si a un caballo se le suelta demasiado la rienda, se va por su propio rumbo y el jinete pierde control sobre él. Es como darle un fuetazo con la rienda suelta. Es el adolescente con quien los padres han sido tan permisivos y que le han dado muchas libertades que ya no es posible imponerle límites: prácticamente hace lo que le da su gana.

Existen muchos casos en que los padres tienen presencia y una alta supervisión de su hijo cuando está en primaria: lo llevan y lo recogen en la escuela, le revisan las tareas, están atentos de sus calificaciones, tienen un seguimiento de sus estudios, conocen a sus amigos y a sus maestros. En fin, están al pendiente de su hijo lo más posible. Pero en cuanto entra a la secundaria, suponen que ya es un joven maduro y responsable que se puede cuidar solo. Entonces ya no hay presencia ni supervisión; en otras palabras, lo dejan en libertad.

La madurez en los adolescentes se va dando de manera paulatina, de acuerdo a las experiencias que vaya viviendo. Por esto mismo, no se puede soltar de un día para otro a un hijo, sino que es un proceso que lleva su tiempo. El joven se da cuenta de la importancia que los padres le dan a determinadas cosas, como el aprovechamiento escolar, por ejemplo y, como una forma de rebeldía o desquite, opta por dejar de esforzarse. Jalar demasiado la rienda deteriora también la relación entre padres e hijos, dado que se vive en un estado permanente de confrontación y conflicto.

Al adolescente ni se le debe sujetar demasiado ni se le debe dejar muy libre. Debe haber un continuo proceso de estira y afloja. Respetar sin transigir. Negociar y acordar, en lugar de imponer. Entender y actuar, en lugar de pelear y confrontar. Encontrar estrategias, en lugar de perder el rumbo. Tener claridad y certeza, en lugar de miedo e inseguridad... ¡y justamente de todo esto hablaremos en el libro!

1. ¿QUÉ ES LA ADOLESCENCIA?

Se conocen muchas definiciones y enfoques sobre la adolescencia, aunque creo que resulta complicado explicar esta etapa de la vida de manera unívoca. Por esa razón, más que definirla vamos a exponerla a través de algunos conceptos que ayudarán a comprenderla.

Considero esencial destacar que la adolescencia es un proceso altamente conflictivo. Lo que sobresale en esta etapa son continuos episodios de crisis en los jóvenes; una presencia constante y agotadora de dificultades que tienen lugar ante cualquier situación, ocasionadas por los cambios repentinos en el estado de ánimo. Estas oscilaciones anímicas resultan naturales, dado que el adolescente se encuentra en un interludio que es el resultado de la vivencia de una infancia que va dejando y una edad adulta a la que va ingresando. No existe un piso seguro en donde pueda pararse, sino que se encuentra en medio de dos espacios, en un proceso de transformación. Ni oruga ni mariposa, podría decirse.

Dichos episodios de crisis ponen a prueba la serenidad personal del adolescente. Cuando éste trae consigo una sólida estructura y una experiencia emocional estable, tendrá más recursos para transitar a esta etapa de una manera serena y más equili-brada; por el contrario, si no fue formado con una estructura de valores, límites adecuados, una autoridad firme y bien fundada que le proporcione estabilidad emocional, vivirá la adolescen-cia de una manera caótica y conflictiva.

> La adolescencia se convierte en una reedición de la infancia. Todos los conflictos que no se resolvieron o que no fueron bien manejados en la niñez, se enfatizarán durante esta etapa.

La infancia es absolutamente determinante, por eso se hace tanto hincapié en cuidar el desarrollo emocional, afectivo y conduc-tual del niño durante sus primeros años de vida.

Si un niño presenta cierto tipo de problema en la infancia, la proyección que se dé en la adolescencia será en el mismo sentido. De ahí se deriva la tendencia a que la educación tenga un enfoque preferentemente correctivo, porque mientras más tiempo transcurra y mayor sea el niño, se vuelve más complejo guiar conductas positivas. Lo recomendable es minimizar los conflictos infantiles para evitar que se fortalezcan y compliquen en la adolescencia.

> Un niño sin problemas significativos será un adolescente más fácil de educar y de orientar.

La adolescencia no sólo es una etapa de crisis para el joven que la está viviendo, sino que confronta a toda la familia, pone a prueba la capacidad resolutiva de los padres. Si cuentan con elementos para enfrentar y solucionar eficazmente dificultades, si la convivencia se basa en el respeto y en la comunicación y existe un ambiente armónico en el hogar, seguramente tendrán mínimos conflictos con el adolescente y será posible pasar por esta etapa de una manera más conveniente.

> *La posibilidad de resolver correctamente el proceso adolescente de un hijo, tiene mucho que ver con la capacidad general de los padres de familia de saber cómo solucionar situaciones complicadas.*

Es fundamental entender que se trata de encontrar soluciones a los problemas, no de encontrar problemas a las soluciones. Hay infinidad de personas que confunden estos dos principios, y hallan objeciones a toda propuesta de solución. Por ejemplo, a la mamá le proponen una alternativa para resolver determinado conflicto y dice: "Es que fíjate que eso no funciona con mi hijo, además mi esposo no ayuda y siempre está ausente". "Entonces habla con tu hijo". Y ella continúa objetando: "No, no puedo, soy malísima con las palabras y no sé qué decir, y nunca me pone atención". Tienen soluciones y no las quieren ver.

Por otro lado, no hay ninguna etapa en el desarrollo del ser humano que sea tan larga como la adolescencia. Por ejemplo, desde el nacimiento de un individuo hasta que deja de ser bebé pasan de seis a ocho meses; la fase en que aprende a caminar abarca de dos a tres años; el periodo de control de esfínteres dura de seis meses a un año, pero la adolescencia se prolonga por un espacio de tiempo muy extenso, y esto también forma parte de los factores que la convierten en un proceso complicado.

> *La adolescencia es una etapa de cambios, no sólo físicos, sino también de desarrollo psíquico que genera conflictos porque confronta a los jóvenes con sus propias estructuras y hace que a veces no se entiendan ni ellos mismos.*

Por ejemplo, un niño o niña al que hasta ese momento no le ha interesado el sexo opuesto, porque se encuentra en la etapa de latencia (de los cinco a siete años, hasta los once o doce años aproximadamente, prácticamente toda la primaria), es decir, el periodo de vida en el cual se fomenta de manera natural la vinculación de niños con niños y de niñas con niñas, de pronto se da cuenta que ya no sólo quiere estar con su mismo género, sino que además le empiezan a gustar personas del género opuesto, y le hacen tener sensaciones que nunca antes había experimentado. Se van dando cambios mentales y cambios emocionales. Y conforme el niño va conviviendo con niñas (o viceversa), un día siente deseo sexual, cuando no tenía ni la menor idea de que existía la dichosa atracción. Entonces se desconoce a sí mismo, se siente extraño y entra en conflicto.

Otro ejemplo es la niña que adoraba a su mamá, que todo el tiempo quería estar con ella, recibir sus mimos y tener su atención, y de pronto comienza a aborrecerla, a rechazarla, y no lo comprende, pues antes era la compañía que más procuraba y disfrutaba.

Son cambios que simplemente se dan, generando conflicto y confusión en los adolescentes y, por supuesto, en los padres también, para quienes es muy complicado comprender lo que el hijo está experimentando. Es común que digan: "Me lo cambiaron de la noche a la mañana. En la noche se acostó uno, y amaneció otro". Así son los hijos en la adolescencia, dejan de ser niños a veces de un día para otro.

En esta etapa los jóvenes comienzan a adquirir la conciencia de un ser individual: de ser una persona. Antes era el hijo de tal, el hermano de tal, el nieto de tal, el vecino de tal, y ahora aprende a tomar conciencia de su individualidad; se da cuenta de que tiene ideas propias, emociones, deseos, identidad y, forzosamente, por una cuestión casi lógica se ve confrontado con qué tipo de individuo es, quién es y esto mínimamente desata una crisis. Nunca había adquirido conciencia de su ser individual, no se había cuestionado nada acerca de su identidad, de sus intereses, de sus ideas. Antes sus padres le decían lo que le tenía que gustar y lo que no, lo que debía pensar, ahora se da cuenta de que posee un criterio propio, y que no necesariamente está de acuerdo con todo lo que sus padres le dicen: vive en un entorno completamente diferente y se siente extraño.

En este periodo, el adolescente tiene que consolidar su personalidad. Hay elementos que se van gestando desde la infancia hasta la pubertad; también existe una parte que quizá está relacionada con el temperamento, incluso puede tener que ver con cuestiones éticas, y es obvio que de igual manera se involucra el desarrollo del carácter.

> El afianzamiento de la personalidad como tal es una de las grandes finalidades de la adolescencia.

Con frecuencia los adolescentes tienden a pensar que la primera personalidad a la que se enfrentan es la que conservarán toda la vida; no obstante, los padres sabemos que no es así. El joven puede ser rockero, luego *emo*, después muy conservador, y estos cambios, a veces contrastantes, se deben justamente a que anhela consolidar su personalidad. Lo que en realidad está buscando es su identidad, y de eso nos ocuparemos más a fondo.

2. CARACTERÍSTICAS DE LOS ADOLESCENTES ACTUALES

La adolescencia es una fascinante etapa de la vida del ser humano que se distingue por grandes contrastes reflejados en actitudes y comportamientos del adolescente diametralmente opuestos, tanto de admirables cualidades positivas como de un sinfín de características negativas.

Algunas de estas particularidades (positivas y negativas) son las mismas que observábamos en los adolescentes de ayer, pero en general se percibe una trasformación en el comportamiento que va de acuerdo a los tiempos actuales.

A continuación presentamos algunos de los principales aspectos positivos y negativos de los adolescentes de hoy.

Aspectos positivos

Los jóvenes ahora han desarrollado habilidades favorables, enfocadas principalmente al desarrollo de la mente, al dominio de los medios de comunicación y el acceso a la información, hecho que despierta en ellos condiciones positivas. Al mismo tiempo han modificado su forma de actuar, de pensar y de relacionarse con el mundo.

1) Extraordinaria habilidad mental

Hoy los adolescentes se distinguen porque poseen una mente muy ágil. Son inteligentes, están más despiertos y son muy avivados. Pueden tener su atención en distintas cosas al mismo tiempo y por ello captan tanta información. Son entendidos, si les interesa algo, pueden comprender muchas cosas, más de lo que incluso podemos especular. Son capaces y habilidosos: si se esfuerzan por hacer algo, tienen unos alcances impresionantes. Están muy actualizados y traen un amplio bagaje de información, un vocabulario más extenso, conocen de más temas, no tienen fronteras culturales.

2) Sensibilidad y percepción muy desarrolladas

Pueden entender y percatarse más fácilmente de situaciones que para otras personas pasan desapercibidas. Están atentos. Son intuitivos, tienen la capacidad de captar instantáneamente una idea y comprenderla sin necesidad de razonarla. En general, son perceptivos con la naturaleza, con los aspectos políticos y los medios de comunicación.

3) Mente abierta

Esto se debe, entre otras cosas, a que la vida cotidiana los enfrenta a mayor cantidad de retos y situaciones, lo que les permite aceptar y convivir con las diferencias; como puede ser un compañero de banca homosexual en la escuela, que pertenezca a alguna tribu urbana como *emos* o *darketos*, alcohólico, drogadicto o muchas situaciones más que en otras épocas hubiera sido prácticamente imposible conciliar.

4) Avidez

Son ansiosos, están muy despiertos, tienen deseos intensos de lograr lo que se proponen o de obtener algo de inmediato. Esta característica la clasifico como positiva porque bien enfocada, la avidez es un motor que mueve a los adolescentes y los lleva a conseguir grandes logros. Son ambiciosos en sus ideales.

5) Saben abrirse camino

Son audaces, se atreven a muchas cosas sin temor. Son extrovertidos. También son más activos, obviamente en las labores que les despiertan interés. Son independientes, los jóvenes de ahora no necesitan el apego de mamá y papá, y se desvinculan de ellos fácilmente. Son autónomos, pueden moverse perfectamente por sus propios medios, aunque quizá no en lo económico. Son competitivos en términos positivos, se esfuerzan y, a veces, pueden sobresalir en cosas que son muy dignas de reconocerse.

Aspectos negativos

Por otro lado, los adolescentes de hoy tienen algunas características negativas y, precisamente, son el tema que sustenta este libro, por lo que en el desarrollo del contenido vamos a ir revisando cómo lidiar con ellas. Algunos de estos aspectos los presentan la mayoría de los jóvenes y, por lo mismo, llegan a considerarse como normales; sin embargo, siguen generando fuertes problemas con los padres de familia, en las escuelas y con los maestros, lo que hace que hoy la convivencia con los adolescentes sea muy complicada y desgastante.

Cuando nos referimos a que un comportamiento es normal, yo acostumbro hacer una aclaración: no siempre lo normal es lo correcto. Por ejemplo, ¿es normal que un niño de dos años muerda? Sí, es normal, pero no es correcto. ¿Es normal que un adolescente azote puertas? Sí, es normal, pero no es correcto. ¿Es normal que un adolescente sea irresponsable? Sí, es normal, pero no es correcto. El que una actitud se clasifique dentro de la normalidad, no significa que la debamos permitir.

> *Para muchos padres pareciera que el término normalidad los impulsa a no hacer nada por corregir el comportamiento de sus hijos, porque lo consideran normal y volvemos a lo mismo: es normal, pero no es correcto.*

Los padres debemos tener claro que muchas de las actitudes, si bien son normales, no tendrían que implicar ninguna de dos cosas: ni que las vamos a permitir ni que forzosamente las vamos a confrontar todo el tiempo; esto nos lleva a considerar una tercera estrategia intermedia entre permitir y confrontar, me refiero a resolver estas actitudes de otra manera más adecuada. Ya profundizaremos más adelante en este tema.

1) Intolerantes

Los adolescentes se caracterizan porque son terriblemente intolerantes, todo les irrita, les enoja, les molesta, específicamente
son intolerantes a la frustración. Para un joven si las cosas no
resultan como él quiere, cuando los reflectores no se dirigen
hacia él, cuando no tiene el control de cierta situación, de inmediato entra en conflicto.

> La intolerancia en los jóvenes no se origina en
> esa etapa, sino que es un comportamiento que
> se gesta desde la infancia y que se acentúa en
> la adolescencia.

Cuando a un niño se le complace en todos sus caprichos,
como es común en la actualidad, se vuelve muy intolerante.
En cambio, si se va trabajando en un sistema de tolerancia,
enseñándole desde sus primeros años que no es posible que
siempre obtenga lo que él quiere, de cualquier manera durante
la adolescencia presentará un comportamiento egoísta en
muchos sentidos, pero bastante manejable y llevadero; a diferencia de los jóvenes que no enfrentaron la frustración desde
la niñez, en la adolescencia se extralimitan o incrementan sus
reacciones inadecuadas y desproporcionadas, lo que genera
enormes dificultades. La intolerancia también la demuestran
con la impaciencia.

2) Inconformes

Siempre quieren más. Si les das dos, ellos quieren tres; si les das tres, quieren cinco; y si les das cinco, quieren siete. En los jóvenes persiste una actitud de inconformidad que los conduce a pensar que todo es injusto.

> *Para los adolescentes, el término injusticia generalmente va ligado o suele referirse a cuestiones que ellos no quieren. Por eso es injusto, y lo único justo es lograr lo que desean. Ante cualquier desconcierto, acostumbran decir: "Es que no es justo".*

Esta actitud de inconformidad, junto con la injusticia, genera un malestar que de pronto manifiestan haciendo caras, con malos modos y con respuestas negativas. En un instante logran arruinar un momento familiar que era agradable. Basta con que los padres le nieguen algo o que no hagan las cosas como él quiere, para que en automático reaccione negativamente, como una forma de castigarlos por el atrevimiento de haberle negado algo.

A ellos nada les parece bien. Los adolescentes primero dicen NO y después averiguan. Contradicen todo y a todos. Son muy demandantes, todo lo exigen para el momento y no siempre de buena manera. Cuando quieren algo, lo piden y lo piden hasta la exasperación; pocas cosas son peores en una familia que tener un adolescente demandante, exigente y necio.

Muchos padres se quejan de la necedad de su hijo, que cuando algo se le mete en la cabeza no existe poder humano que se lo saque; si quiere que le compren algo, que le den un permiso, que lo lleven a algún lugar, que le pongan atención, no cesará de exigir hasta que logre lo que quiere, y si no se cumple su deseo es casi seguro que habrá un conflicto. También son muy caprichosos y voluntariosos, siempre quieren hacer su voluntad.

3) Convenencieros y manipuladores

Son muy convenencieros, se acercan como gatitos tiernos cuando quieren algo, pero cuando no necesitan nada te ignoran.

Muchos padres con adolescentes podemos identificar claramente cuando un hijo busca algo, porque empieza a rondarte, se acerca a ti, muestra un interés inusual y, de pronto, pregunta: "Papá, ¿cómo estás?, ¿cómo te fue en el trabajo?". "Mamá, ¿cómo sigues de tu rodilla?".

Van a hacer lo que les convenga con tal de obtener lo que quieren. Son expertos manipuladores; es increíble la cantidad de recursos que pueden idear. Hay jóvenes que se portan muy bien el miércoles y el jueves, porque viene el permiso para salir el fin de semana, y esos días son atentos, complacientes, respetuosos: actúan por conveniencia.

4) Desconsiderados y egoístas

Se vuelven desconsiderados al grado de que sólo pueden ver por sus intereses y su bienestar, sin importarles los demás; esto no significa que forzosamente haya una agresión hacia el otro, sino que las necesidades de los demás no existen para ellos. Por ejemplo, si el papá o la mamá está trabajando, hablando por teléfono o haciendo cualquier actividad, y al adolescente se le ocurre algo, va llegar a interrumpir y a exigir atención independientemente de que estén ocupados. No tienen mecanismos de empatía para poder ponerse en el lugar de otros.

5) Autoritarios

Cuando el autoritarismo se mezcla con autosuficiencia, entonces se creen los reyes del universo: piensan que se pueden tragar el mundo a bocanadas, que nada les va a pasar, se sienten omnipotentes y omniscientes, tienden a minimizar y a devaluar lo que hacen los demás, y los critican rígidamente. En este sentido, se vuelven altivos, déspotas, impositivos y se esfuerzan por demostrar que ellos saben más que sus padres.

6) No saben valorar

Otra de las características de los adolescentes es que no valoran lo que tienen. Todo se les ha dado tan fácil, lo obtienen de manera tan sencilla, que no pueden valorarlo y todo o casi todo se vuelve desechable. Quería estos pantalones, ya los tiene, ahora quiere otros; cuando ya tiene los otros, los daña para que le compren unos nuevos o porque está de moda usarlos rotos. Ya tiene los tenis carísimos que quería, ahora quiere otros. Y ya que se los compran, los pierde en la escuela o en el futbol.

> *A ellos no les importa el valor de las cosas ni lo que pueda costar poseerlas, ven como una obligación de los padres el cumplir sus caprichos y sus necesidades.*

7) Agresivos e irrespetuosos

Pueden ser agresivos, principalmente por su baja tolerancia a la frustración, misma que deriva de un comportamiento muy ligado a las reacciones que presentan cuando las cosas no son como desean. Esto los lleva a responder de manera impulsiva, desproporcionada, brusca e irrespetuosa. Esto tiene que ver con la falta de contención por parte de los adultos, que hacen que el adolescente tenga dificultad para serenar estos impulsos.

8) Contradictorios y poco perseverantes

Pueden ser selectivos e interesarse en algo, a veces mostrando un interés desmedido en cosas que no siempre son deseables. Por otro lado, no les importa lo que debería ser fundamental, como los estudios, y se vuelven apáticos. Son poco perseverantes, si algo les interesa, van a hacer hasta lo imposible por lograrlo o conseguirlo; pero si algo no les interesa, abortan la misión, y cualquier cosa que les implique un esfuerzo o que les cueste trabajo. Esto los lleva a tener motivaciones efímeras, lo que se refiere a la tendencia de los adolescentes a sentir un interés repentino e intenso por algo, y perderlo casi instantáneamente. Por ejemplo, tu hijo puede suplicar que lo inscriban en un gimnasio, y al mes y medio ya no quiere ir, ahora prefiere clases de tenis, y pasa lo mismo con el tenis y luego quiere practicar otra actividad. Son motivaciones efímeras, el adolescente desiste cuando se percata de que lo que está haciendo le empieza a costar trabajo, aunque con frecuencia también se presenta el abandono de una actividad por miedo al fracaso.

9) Carácter fuerte

Significa que la persona se irrita y se enfada con facilidad y, con frecuencia, por razones infundadas. La realidad es que cualquier persona que tiene carácter fuerte es poco tolerante. Los adolescentes suelen ser de esa manera.

Estas son algunas de las características más comunes de los adolescentes de hoy, aunque seguramente el lector podrá identificar algunas más, tanto positivas como negativas, como suele ocurrir cuando doy conferencias con los padres de familia, cuyas aportaciones han sido muy valiosas y me han ayudado a ir complementando este tema.

3. INICIO Y TÉRMINO DE LA ADOLESCENCIA

Hay algunas investigaciones que explican que, desde hace alrededor de cien años, se ha presentado un adelanto en los procesos que dan inicio a la adolescencia a razón de un año por cada veinticinco años. Esto significa que hoy la adolescencia comienza a manifestarse cuatro años antes que hace un siglo. Estas investigaciones tienen mucho de cierto, en lo que yo no estoy totalmente de acuerdo es que este adelanto se haya dado de manera gradual durante cien años, sino que es evidente que conforme ha pasado el tiempo se ha acelerado, y continúa ocurriendo cada vez a mayor velocidad. Probablemente ese incremento de cuatro años se ha dado no en cien años, sino tan sólo en cuatro décadas.

Hace cuarenta años se vivían los procesos de la adolescencia de una manera mucho más tardía que en la actualidad. Lo que un adolescente de esa época vivía a los dieciocho años, hoy lo están experimentando a los catorce; lo que antes era común a los catorce, hoy lo están viviendo los niños a los diez años. La pubertad, que antes comenzaba a manifestarse cerca de los doce años, ahora se presenta en niños de hasta ocho años. Tenemos pubertas y pubertos reales con todas sus características desde edades muy tempranas, en niños que están cursando el segundo o tercer grado de primaria. Esto me parece alarmante.

Por ejemplo, la menarca, que es la primera menstruación de la mujer, hace unos años se presentaba alrededor de los trece a los quince años de edad. Ahora hay niñas que comienzan a menstruar entre los ocho y los diez años.

A este adelanto generacional en los procesos de la adolescencia habría que agregarle otro factor que, a mi juicio, contribuye de manera determinante a la causa. Me refiero a lo permisivos que son los padres de familia, tema que desarrollo con profundidad en mi libro *Límites y berrinches*. Actualmente, los padres se han vuelto extremadamente complacientes. La forma de educar de antaño, con autoritarismo y rigidez, ahora se practica con una apertura y libertad desbordada. Este comportamiento de los padres acelera casi obligadamente a los hijos a un intento de vivir de manera anticipada. Es natural que quieran imitar actitudes, por ejemplo, que un chico de doce años quiera hacer lo mismo que uno de catorce; que el de catorce imite a otro de dieciséis años, y que el de dieciséis quiera hacer lo mismo que el de dieciocho, porque la imitación es hacia arriba. Pero lo que está sucediendo ahora es que el de doce años busca imitar a uno de dieciocho, y desde esa temprana edad ya quiere tener teléfono celular, salir con los amigos, ir a fiestas, tomar alcohol, tener novia y muchos comportamientos que no corresponden a su edad.

Los padres han fomentado este desarrollo acelerado porque lo han permitido. Sólo para ilustrarlo, lo tradicional antes era que a una niña se le diera permiso de tener novio hasta la secundaria o preparatoria, mínimo a los catorce años o más; hoy, las mamás dejan que sus hijas de ocho y diez años ya tengan novio, y además lo ven como algo natural y hasta simpático. O el papá que acepta que su hijo de catorce años se tome unas cervezas con él, cuando lo permitido es que pueda beber alcohol hasta los dieciocho años, al cumplir la mayoría de edad.

> *Una recomendación para los padres es tratar de no alentar este tipo de actitudes y procurar frenar lo más posible el desarrollo de sus hijos. Seguramente no lo van a poder detener por mucho tiempo, dado que los niños traen por naturaleza esta prisa por vivir y por crecer, pero sí lo pueden aplazar. El desarrollo acelerado de los adolescentes los lleva a vivir una crisis psicológica, son personas inmaduras que no tienen el criterio para experimentar situaciones que no corresponden a su edad.*

¿Qué es lo que marca el inicio y el término de la adolescencia?

La pubertad determina el comienzo de la adolescencia y se manifiesta con los cambios biológicos secundarios en el cuerpo del niño y de la niña. El proceso depende mucho de factores como: herencia, influencias endócrinas, raza, clima y situación geográfica.

En el caso de la mujer estos cambios son crecimiento del busto, ensanchamiento de la cadera, aparición de vello púbico y axilar, así como el hecho más contundente, que es la menstruación.

En el caso del hombre, no existe una indicación tan clara, como la menstruación en el caso de la mujer, que marque el inicio de la adolescencia porque los cambios en el varón no son tan definitivos, no se dan tan pronto ni son tan evidentes. Un niño empieza a tener cambios puberales y pueden pasar meses sin que los padres se den cuenta. Los cambios secundarios en el hombre son engrosamiento de la voz, ensanchamiento del pecho y la espalda (que no son tan marcados), crecimiento de vello en cuerpo y cara, crecimiento de los genitales y el hecho más categórico es la espermatogénesis (proceso biológico que da inicio a la producción de espermatozoides y de semen). Todos estos cambios en el varón en un inicio pueden pasar desapercibidos, porque no son tan visibles, sobre todo si el niño es medio lampiño y no tiene crecimiento de vello; es probable que haya transcurrido un año o dos produciendo espermatozoides y teniendo eyaculaciones, ya sea a través de las noches húmedas, que es la eyaculación inconsciente de semen mientras está dormido, o a través de la masturbación, antes de que los cambios secundarios sean notorios. En muchas ocasiones, si no se presenta la eyaculación voluntaria ni involuntaria, puede suceder que ni siquiera el niño perciba que está produciendo espermatozoides. A veces, el indicativo de que la pubertad está en proceso es la emisión de un líquido transparente y aceitoso que sale del pene producido por la glándula de Cowper, y cuya finalidad es lubricar la uretra para que puedan salir los espermatozoides.

El tema de la pubertad y de los cambios secundarios en el cuerpo del niño y de la niña, los trato con más detalle en mi libro *Hablemos de sexo con los niños*, así como lo que concierne a la anatomía y fisiología de los órganos genitales.

Cuando comienza la pubertad, se da un periodo conflictivo en el que coexisten actitudes infantiles con actitudes adolescentes, y el problema es que la frontera entre ambas no existe; hay un tránsito libre entre una postura y la otra. Entonces, es común observar comportamientos de un niño que quiere tener novia, pero en la noche le da miedo la oscuridad y se quiere ir a dormir con sus papás. El mismo joven que quiere tomarse unas cervezas y fumar, es el mismo que quiere obtener mimos de su mamá. O la niña que al terminar de hablar por teléfono con su novio, se pone a jugar con sus muñecas. Son actitudes que causan mucho conflicto y desconcierto en los jóvenes y, naturalmente, también en quienes conviven con ellos.

Hemos visto que el inicio de la adolescencia se identifica por los cambios puberales. Lo que no es tan sencillo de ubicar es la frontera donde esta etapa concluye. Es común definir el límite final de la adolescencia en el momento en que el individuo comienza su vida laboral, aunque puede ser un parámetro muy subjetivo, pues en otras épocas los jóvenes comenzaban a trabajar a los quince o dieciséis años. Actualmente, cuando estudian una carrera universitaria a veces la concluyen a los veinticinco años, y hasta entonces inician su vida laboral. También tenemos un antecedente legal, que marca el final de la adolescencia a los dieciocho años de edad, que es cuando ya se considera al individuo como mayor de edad: un adulto.

Pero, ¿cómo aplican estos datos en los tiempos actuales? Hoy tenemos jóvenes de hasta treinta y cinco años de edad que no trabajan, son solteros, estudian una maestría y luego un doctorado, continúan viviendo en el hogar de sus padres y dependen de ellos económicamente. Por su situación social y familiar, ¿seguiría siendo un adolescente? Viven como hijos de familia y dependen de los padres en muchos aspectos además del económico, como pedir permisos y acatar órdenes. En este caso, estaríamos hablando de un adolescente tardío por su estilo de vida, aunque en realidad ya es un adulto joven.

Es complicado definir el final de la adolescencia en un sentido estricto, ya sea al momento de la inserción del individuo al mundo laboral o a partir de los dieciocho años, cuando legalmente ya es un adulto. A veces no aplica ni un parámetro ni el otro, sin embargo, para dar una referencia más precisa, me parece que el final de la adolescencia lo indica el comportamiento del individuo, cuando comienza a responder por sus actos y asume sus consecuencias.

Por esa razón, podemos decir que el término de la adolescencia puede considerarse más que un hecho biológico o legal, una cuestión de estructura del pensamiento y de maduración.

4. PRINCIPALES DESAFÍOS DEL ADOLESCENTE

La adolescencia es una etapa de transformación para el desarrollo del ser que requiere de ajustes mentales, físicos y emocionales. En este proceso, el adolescente siente, sufre y está expuesto a una serie de cambios que muchas veces no entiende: su cuerpo le grita, su mente está confusa porque busca su identidad y sus emociones son una revolución que no sabe cómo manejar.

Es momento de adaptación, aceptación y desvinculación que implica tres desafíos importantes:

a. Búsqueda de la identidad
b. Aceptación de la imagen corporal
c. Enfrentamiento del duelo y la soledad

Se trata de procesos complicados que generan grandes conflictos en el adolescente, pero que bien soportados dan como resultado la integración del individuo.

A) Búsqueda de la identidad

La identidad es la brújula que nos lleva a encontrarnos con nosotros mismos. Es una vivencia de *mismidad* (de ser uno mismo) que se va configurando durante toda la vida. Es la exploración del ser y la esencia como individuos.

> *La búsqueda de identidad es uno de los grandes objetivos de la adolescencia. Es la etapa en la cual se inicia este proceso, y aunque no termine de consolidarse, es cuando prácticamente toda la energía del individuo está enfocada a este propósito.*

El adolescente va construyendo su identidad al dejar atrás apegos de la infancia y se va separando emocionalmente de los estrechos vínculos que ha mantenido con sus padres, conquistando poco a poco su libertad.

Esta búsqueda implica un conflicto para el adolescente, dado que nunca antes se había hecho preguntas como: ¿quién soy yo?, ¿para dónde voy?, ¿qué hago aquí?, ¿cuál es mi misión en esta vida?, ¿para qué nací?, ¿para qué crecí? Estas dudas son parte de su presente, ya sea de manera consciente, cuando reflexiona sobre el asunto, o inconscientemente; entonces se refleja en su estado de ánimo, con sentimientos de tristeza aparentemente injustificada, pues aún no sabe quién es y no siempre encuentra los motivos de su existencia.

Este proceso de consolidación de la identidad lo conduce a una exploración constante. Algunas de ellas pueden ser enriquecedoras, como la práctica de alguna actividad física o artística, pero de igual manera se puede enfocar en experiencias no deseables como consumir tabaco, alcohol o faltar a la escuela. Es frecuente, por ejemplo, que después de haber mantenido un aprendizaje constante, muy estable, un adolescente comience a bajar el rendimiento en sus estudios y repruebe materias; lo cual puede tener su origen en que desea experimentar lo que significa no cumplir con las expectativas de sus padres.

Va experimentando, algunas veces tocando límites (puede ir de la bondad a la perversidad).

> Cuestiona, rompe reglas y patrones establecidos, cambia prioridades, reacomoda intereses. Si antes lo más importante era la escuela, ahora son los amigos o la computadora; antes el respeto a los maestros y a la autoridad era lo habitual, ahora los reta y los confronta; antes creía ciegamente en sus padres, ahora cuestiona sus convicciones. Son ensayos que le sirven para ir descubriendo lo que es y lo que no es.

En algunos casos, el adolescente transita este proceso de una forma muy tranquila y es poco rebelde, pero hay ocasiones en que lo hace de un modo terriblemente oposicionista.

Contaré una anécdota muy ilustrativa. Soy padre de dos hijos: Juan Sebastián, que es el mayor, e Ivanna, la menor. Una tarde que estábamos en casa, su madre y yo los invitamos a divertirnos con un juego de mesa, y se me ocurrió proponer que formáramos dos equipos: uno de hombres y otro de mujeres, y de inmediato mi hijo pega con la mano en la mesa, y grita: "¡No, yo quiero estar en el equipo de mi papá!". Obviamente nos dio mucha risa su reacción, incluso a mi hijo, que se dio cuenta de lo ilógico de su comportamiento.

Inconformarse por todo es una reacción típica de un adolescente. Primero dice que NO y después averigua. Es la negativa por la negativa misma, y es parte del proceso de búsqueda de identidad.

B) Aceptación de la imagen corporal

La imagen corporal desempeña un papel muy importante en los adolescentes. Algunos de ellos se niegan a crecer y a vivir de manera natural los cambios que la pubertad trae consigo, pero un cuerpo en desarrollo no se puede ocultar.

Es muy frecuente que cuando el cuerpo de las niñas comienza a cambiar y aparece el crecimiento de los senos, encontremos dos tipos de actitudes: por un lado, aquellas que aún no quieren integrar psíquicamente esa nueva faceta de su ser, por lo que la niegan; además de que sienten vergüenza y pudor, y tratan de ocultar el desarrollo de sus senos con ropa holgada o con chamarras. El segundo tipo de niñas son aquellas que ante la primera manifestación del crecimiento de sus senos, buscan hacerlo notorio usando ropa ajustada, escotada o que les haga ver más volumen.

En el caso de los niños, la voz cambia, empieza a salir barba, bigote y patillas (pero sin forma definida), su cuerpo se vuelve desproporcionado, al igual que sus facciones; y de la misma manera que las mujeres, estos cambios pueden tratar de ser encubiertos, porque originan estados de confusión o de incertidumbre.

La imagen corporal produce toda una revolución en el adolescente. No sólo influye en la forma de percibirse y de adaptarse a los cambios físicos propios de la pubertad, sino que esto ocasiona ajustes mentales y emocionales, que traen consigo alteraciones en su estado de ánimo. En su mayoría, la apariencia de un puberto no es estética, de pronto se estiran y se ven desproporcionados, sus facciones se observan toscas, suben o bajan de peso, aparece el acné, y todo esto les genera confusión.

Todo se conjuga en su contra. Quizá sería más fácil comprender al adolescente poniéndonos en su lugar y tratando de imaginar lo que como adulto significaría tanto desequilibrio a la vez. Sabemos lo que acarrean los cambios hormonales y los trastornos que ocasionan física y emocionalmente. Por ejemplo, si un adulto comienza a tener disfunción en la tiroides, de inmediato se presentan alteraciones en el estado anímico, peso corporal y nivel de energía, sólo por mencionar algunos trastornos que pueden manifestarse. O una mujer que pasa por la menopausia, nota cómo el funcionamiento de su cuerpo se altera, sube de peso, tiene sofocos o escalofríos, sudoración nocturna, alteración del ritmo cardiaco, dificultad para concentrarse, confusión mental, estados depresivos y muchos síntomas más. Ahora, tratemos de imaginar lo que puede estar pasando un adolescente que comienza a tener una producción hormonal inusitada, que además genera un cambio desmedido en su imagen, y nos daremos cuenta de que el proceso no puede ser más conflictivo y confuso, es una transformación brutal que no es fácil de sobrellevar.

Otro de los factores de conflicto que debe enfrentar el adolescente es que cree que conservará su imagen corporal de manera exacta en su edad adulta. Por ejemplo, si siente desagrado por su estatura, por el tamaño de su nariz, por su complexión, por su peso, cree que siempre se sentirá igual. Empieza a enfrentar cara a cara lo que probablemente será su aspecto definitivo.

Además, siempre hay una imagen que tiende a idealizar, relacionada con la moda y con los patrones de lo que se considera atractivo. Esta confrontación se extralimita cuando se trata de alcanzar los estándares de moda y belleza que define una sociedad basada en las apariencias y en el estatus.

En el principio de la pubertad, la imagen cambia tanto y de manera tan desproporcionada, que los contornos físicos son imprecisos. Por ejemplo, vemos jóvenes que pueden tener una manos enormes y unos brazos largos, con un cuerpo pequeño y delgado; otros se estiran y se hacen largos, flacos y hasta encorvados; algunos desarrollan facciones exageradas como una nariz ancha o aguileña, labios toscos, pómulos prominentes; jóvenes que conservan facciones de niños con cuerpo de adolescentes; niñas con un gran desarrollo de senos, caderas y muslos, con baja estatura, que parecen gorditas; senos grandes en un cuerpo delgado o senos pequeños en un cuerpo grande. En fin, son cambios que pueden afectar a los adolescentes.

Antes de la adolescencia, el niño o la niña aceptaba su imagen sin juzgarla. De pronto cambia su forma de percibirse y vemos que se comienza a preocupar por cuestiones que a los adultos podrían parecernos insignificantes, pero que para él o ella puede ser algo tan dramático que le causa dificultades de aprobación y de autoestima.

En una ocasión, unos padres me llevaron a consulta a su hija de doce años por un problema de imagen corporal. Esta niña vivía en conflicto por su nariz, pensaba que era horrible, por lo que la cubría con su mano todo el tiempo y no quería que nadie se la viera. Así realizaba todas sus actividades: tomaba clases, hablaba, comía, caminaba y hasta dormía tapándose la nariz. Estaba obsesionada con lo que consideraba una imperfección física.

Otros de los grandes traumas que se relacionan con la imagen corporal es el acné. Este problema lo padecen casi todos los jóvenes, y dependiendo del tipo de estructura mental que tengan, será la forma en que puedan sobrellevar con menor o mayor aceptación esta complicación. Por ejemplo, si a una niña le comienzan a brotar granos en la cara y es insegura, débil, vulnerable, requiere reconocimiento y aceptación, sumado a una estructura de personalidad centrada en la imagen; se puede convertir en todo un drama, le puede cambiar la vida y llevarla a pensar que no hay nada peor que le pueda pasar. Es probable que para sus padres parezca una reacción exagerada y fuera de lugar, y difícilmente comprenderán que su hija está viviendo una situación muy complicada.

> *Muchos adolescentes entran en terribles estados de depresión a causa de la imagen corporal. Desafortunadamente, los padres no siempre se percatan de ello ni logran entender la dimensión del problema, lo que hace más conflictiva la situación.*

C) Enfrentamiento del duelo y la soledad

Durante la adolescencia aparece el primer indicio de ruptura del lazo que tiene el hijo con sus padres, con quienes hasta ese momento había vivido una grata experiencia de comunidad existencial. Esta experiencia de separación trae consigo un sentimiento de soledad, así como la sensación de pérdida de seguridad y de protección.

> Cuando entra en la adolescencia, el joven trae un gran apego hacia los padres, con quienes prácticamente ha tenido una relación de dependencia absoluta, tanto afectiva como de supervivencia. En este periodo aparece una sensación de angustia y confrontación originada por la amenaza de que termine la vinculación de dependencia con los padres.

Esto representa una situación muy compleja: por un lado, empieza a experimentar la necesidad de separarse de los padres y, a la vez, le causa angustia y conflicto porque constituyen las personas con las que ha estado ligado toda su vida y con quienes ha vivido en apego, coexistiendo como una familia. Hasta ese momento es cuando comienza a darse cuenta de que también puede existir como individuo, como un ser independiente.

No siempre los adolescentes viven este proceso de manera consciente, algunas veces no se dan cuenta de lo que está pasando. Lo importante es saber que no es necesario que se percaten de ello para que les afecte; incluso, aquellos que no son conscientes de este proceso de separación y de sus consecuencias, también lo resienten, aunque es importante aclarar que no a todos les agobia de igual manera ni en la misma proporción. Ya sea consciente o inconscientemente, todos los jóvenes pasan por este complicado proceso interno que se caracteriza por un sentimiento de duelo.

De pronto, al joven que le fascinaba salir con sus padres el sábado por la tarde, esto ya no le satisface, al contrario, quiere que se vayan para que lo dejen solo; ya no le interesa ir a la recámara de sus papás y acostarse un rato con ellos, ahora prefiere encerrarse en su habitación, y así poco a poco se va desvinculando de sus progenitores.

> En toda pérdida hay una renuncia, y en toda renuncia hay un duelo. Este proceso de separación es una pérdida muy importante para el adolescente que lo lleva a deprimirse.

La depresión es un síndrome caracterizado por una tristeza profunda, abatimiento y falta de energía. La separa del enojo una línea muy delgada. Muchas personas que son irritables, impulsivas y desesperadas, en el fondo están deprimidas. Se manifiesta hacia adentro, duele, incapacita y reduce la energía del individuo que la padece; en cambio, el enojo se exterioriza, no duele, no incapacita e impulsa a la acción, lo cual tiene un sentido compensatorio. Sin embargo, hay que entender que el enojo es un disfraz de la depresión que se usa porque es más llevadero y menos doloroso lidiar con el enojo que con la depresión.

El duelo tiene cinco fases:

a. **Negación**. Se manifiestan actitudes a veces casi absurdas, como negar que una persona ha muerto y pretender que sigue viva.

b. **Enojo**. Es cuando hay sentimientos de rabia y resentimiento.

c. **Tristeza**. Se contacta con las emociones y se presentan momentos críticos de depresión.

d. **Negociación**. Se van acomodando las cosas, se le va dando un sentido a la pérdida, surge un intento por superar la experiencia traumática y se va asimilando.

e. **Aceptación**. Remite a dejar de pelearse porque la realidad no es como uno quiere.

Como decíamos, los jóvenes pasan por un duelo cuando están en el proceso de separación de sus padres, aunque quizá no forzosamente recorran las cinco fases de una manera tan marcada.

Además de la separación de los padres, el proceso interno del adolescente se caracteriza por sentimientos de duelo originados en dos aspectos básicos de la infancia:

- Pérdida del cuerpo del niño
- Pérdida de la identidad infantil

La pérdida del cuerpo de niño remite a ese cuerpo con el que ha vivido todos sus años de vida, con el que se identifica y que de pronto comienza a transformarse. El niño tiene que perder ese cuerpo infantil para empezar a formarse como mujer o como hombre, según sea el caso.

La segunda gran pérdida es la identidad infantil, la pérdida de la condición de ser niño. Es impresionante ver a jóvenes de once, doce o hasta trece años de edad, que por rehusarse a dejar la infancia, se orinan en la cama, tienen miedos, dependen de los padres en muchas cuestiones que ya no son naturales, y esto es el resultado de una dificultad para crecer, para desprenderse de la postura infantil, y se niegan consciente o inconscientemente a soltarla, conservando algunos comportamientos infantiles. Esta tendencia a no abandonar actitudes infantiles se debe a dos razones principales: la primera, porque teme que al crecer pierda ciertas ventajas, como ser el consentido, que le compren lo que quiere, que lo apapachen, que se pueda acostar en la cama con sus papás, etcétera; y la segunda, por miedo a enfrentarse solo a nuevas responsabilidades, ya que piensa que no tiene una estructura mental ni emocional para hacerlo, y se siente descobijado.

Estas pérdidas tan significativas para el individuo en la etapa de la adolescencia generan procesos de duelo que son importantes de entender, aceptar y atender.

5. CONDUCTAS COMUNES DEL ADOLESCENTE

En este capítulo vamos a revisar de manera general las conductas que son más frecuentes en el adolescente, luego haremos otro tipo de análisis en términos de su relación con los padres y con su grupo de amigos, y finalmente nos referiremos a los elementos necesarios y deseables para una adecuada resolución del proceso de la adolescencia.

Lo que pretendo al hablar de las conductas del adolescente, no sólo es que se entienda desde su posición, sino que se comprenda en dónde se origina su comportamiento y lo que esto genera, para que esta información ayude a que los padres puedan quitarse la culpa de creer que la conducta de su hijo es una responsabilidad directa de ellos y dejar de tener pensamientos como: "por mi culpa es así", "algo he de haber hecho mal", "tiene algo en contra mía", "soy una mala madre o un mal padre".

Revisemos algunas de las principales conductas de los adolescentes de hoy.

Problemas en el ámbito familiar, escolar y social

El adolescente se encuentra en la búsqueda de su identidad. Esto ocasiona que comience a tener problemas tanto en la familia, como en la escuela y con la gente que lo rodea, precisamente porque está formando sus propios criterios, ideas y paradigmas y opiniones de la realidad. Por su inmadurez mental y emocional, es probable que muchas de estas concepciones sean erróneas, pero aun así las defiende, aunque implique dar origen a conflictos.

Inestabilidad emocional

El adolescente de pronto está muy animado, cree que todo lo puede, que es lo máximo, que es invencible, que se puede comer el mundo y al instante está triste, deprimido, desesperado y ansioso. Constantemente está fluctuando en estos escenarios que van y vienen.

> La seguridad en sí mismo que su condición adolescente le representa, lo lleva a posturas omnipotentes; mientras que los cambios hormonales, físicos y emocionales lo hacen sentir inseguro, débil y vulnerable.

Rebeldía

El adolescente en general es muy rebelde, pero su rebeldía es peculiar. Más que nada se vuelve antagonista de todo y de todos. Esta actitud está encaminada a definir procesos mentales, ideas y conceptos sobre la vida, para formarse un criterio con respecto al amor, la religión, la amistad, la política y los valores. Para eso, primero será necesario romper con muchas de las ideas preconcebidas. En la mayoría de los casos, a la larga termina retomando las ideas originales, pero le da confianza y seguridad haberlas cuestionado y no aceptarlas como una imposición, sino por una decisión propia.

> La rebeldía es una confrontación permanente hacia las reglas y las normas establecidas, es casi una tarea obligada del adolescente cuestionar la autoridad. Resulta común que a esta edad busque formas de rebeldía como dejarse el cabello largo, no querer bañarse o adoptar ciertas modas con las que se pretende romper con lo establecido. Es su manera de decir: "No acepto esta sociedad tal como me la imponen y me uno a lo que creo que es mejor".

En este aspecto, la capacidad resolutiva de la familia juega un papel muy importante. Si un adolescente cuenta con una sólida estructura familiar, valores y normas, así como una adecuada supervisión, cuando esta rebeldía haya cumplido su finalidad de cuestionarlo y definir sus propios conceptos, volverá a adaptarse a las reglas, normas y valores establecidos. Pero cuando no es así, cuando no posee bases ni sustento familiar y moral, incurre en una rebeldía desviada.

Como ya hemos indicado, el contenido de este libro está enfocado al análisis del adolescente común que vive una problemática dentro de rangos que pueden considerarse como normales, pero también hay adolescencias patológicas que presentan estas mismas características pero exacerbadas y que no se modifican gradualmente de manera natural.

Actualmente estoy atendiendo el caso de un adolescente a quien su madre prácticamente lo abandonó desde que era un niño muy pequeño para hacer su vida con un hombre. A raíz de esto, el niño se quedó sin hogar, y ha vivido con una gran cantidad de parientes que eventualmente se han hecho cargo de él, cambiándose de casa y de familia de manera continua. Acaba de cumplir dieciocho años de edad y hasta este momento ha vivido con once personas en diferentes casas. Este joven tiene problemas escolares, de actitud y de conducta. Cuando empecé a trabajar con él me di cuenta que al no tener una estructura familiar, valores ni normas que haya aplicado en algún momento de su vida, es muy complejo que pueda encauzar su rebeldía y retomar patrones preestablecidos más sanos. No tiene una columna que pueda sostenerlo. Está viviendo una reedición de sus conflictos infantiles. Comenté con su tía, que fue quien me lo llevó a consulta, que lo único que podría sacar adelante a este joven sería la resiliencia, que es la capacidad de los seres humanos para sobre-

ponerse y salir adelante a pesar de la adversidad. Es una de las pocas esperanzas, junto con tratamientos psicológicos formales, que pueden existir para adolescentes que no tienen una estructura que los soporte.

Enojo y revancha

Es común que de pronto el adolescente responda con actitudes de confrontación y retadoras, por eso en ocasiones siente que algunas posturas son injustas y limitantes, razón por la cual puede llegar a buscar formas de desquitarse o vengarse ante lo que siente que se le niega o porque se le reprende.

> Recordemos que el sentimiento de enojo también puede ser una manifestación de la depresión, y que se utiliza como vehículo para expresar una profunda tristeza.

Depresión

Hay síntomas depresivos en el adolescente que pueden permanecer por amplios periodos o bien pueden ser depresiones pasajeras. En este segundo caso, el chavo pasa de tener un estado de ánimo alegre y activo, a la tristeza y a veces hasta al llanto. En las mujeres es más común el llanto, no porque sean más sensibles que los hombres, sino porque socialmente es más aceptado que expresen sus sentimientos de esta manera.

> *El adolescente está en una etapa de hipersensibilidad y vulnerabilidad. Algunas veces hace un drama de dimensiones desproporcionadas por algo que puede parecer insignificante, pero que en verdad le afecta.*

Respeto a la privacidad

Como hemos visto, el adolescente comienza a romper vínculos familiares en busca de su propia individualidad. Las frases: "déjame ser, no entres, quiero privacidad", se vuelven comunes. El asunto del respeto a la privacidad es un tema de todos los días, así como la consideración que los padres le deben tener por esta necesidad. En esta etapa, el joven no tiene la menor idea de lo que es la responsabilidad, pero sí sabe lo que es la privacidad, y es una frontera que quiere imponer permanentemente para que los padres respeten sus cosas, su individualidad, su tiempo y su espacio. Sin embargo, aunque efectivamente es recomendable que se respete la privacidad del hijo, también es importante que exista una constante supervisión de sus actividades, y la única manera de hacerlo es estando pendiente de lo que hace, con quién se relaciona, qué actividad tiene en las redes sociales. Si no se encuentra un equilibrio entre la privacidad y la supervisión, pueden existir serios conflictos entre el hijo y los padres, algunos de ellos con consecuencias irreversibles. Ejemplos de esto pueden ser la pedofilia, la drogadicción, los abusos sexuales, los problemas escolares o con la autoridad.

Temor al fracaso y al ridículo

El fracaso y el ridículo son dos elementos que permanentemente están en juego en el adolescente. Es común que decida no hacer algo por miedo a que le salga mal; para él resulta más seguro no intentarlo, que intentarlo y fracasar. El rechazo deteriora su imagen, termina devaluándolo.

Muchos padres tienen elevadas expectativas de su hijo, y el adolescente prefiere decepcionarlos no intentando cumplirlas, en vez de lograr algo y no ser lo suficientemente capaz. Son estrategias de protección, pero que lo encaminan a ser mediocre o poco perseverante.

También se siente totalmente expuesto al ridículo y se está cuidando todo el tiempo, sobre todo en la escuela, ante sus compañeros de clases. Existen casos extremos de adolescentes que al no poder tolerar el ridículo, entran en crisis depresivas que los han llevado al suicidio. Y no es únicamente el ridículo lo que no puede superar, sino todas las implicaciones que tiene con los compañeros, porque puede ocurrir que conlleve actitudes de desprecio, burlas, apodos, que a veces perduran toda la vida. Un ridículo en la adolescencia es delicado, puede marcar al joven por siempre y generar un condicionamiento importante.

*He tratado casos de adultos que todavía hoy siguen pade-
ciendo burlas de la adolescencia que los han llevado a
comportamientos inapropiados. Un ejemplo de ello es
un paciente que bebe en exceso debido a que cuando era
adolescente lo tachaban de* nerd *y* teto, *porque no podía
vincularse con los demás de manera adecuada. Un desafortunado día de su vida descubrió que cuando ingería alcohol se volvía sociable y agradable. A partir de ahí comenzó
a tomar alcohol de forma desmedida, circunstancia que
lo ha llevado a aceptar que padece alcoholismo.*

Dicotomía entre llamar la atención y miedo al fracaso

Hay una dualidad permanente en el adolescente entre el querer
llamar la atención y, a la vez, sentir temor al fracaso. Quiere sobresalir a como dé lugar a través de cierto tipo de comportamientos que a veces resultan ridículos. Un ejemplo sui géneris es el
chico que por no desear llamar la atención se identifica con una
subcultura urbana de los *emos*, que buscan pasar inadvertidos;
lo cual es un tanto incongruente, porque por su forma de vestir
e imagen en general, la gente los voltea a ver.

Es natural que los adolescentes quieran llamar la atención,
como la joven que se vuelve exagerada en su arreglo, habla muy
alto, se ríe de una forma excedida, utiliza expresiones de moda y
siente más miedo al ridículo cuando un maestro la pasa al frente
de la clase para que lea en voz alta; le da terror equivocarse y
que eso implique hacer el ridículo. Puede ser tan extremista este
comportamiento que a veces prefieren reprobar que exponerse.

Aumento cuantitativo de sus impulsos sexuales

El adolescente trae la hormona a flor de piel. Es la etapa de su despertar sexual, el cual es más evidente en los varones, quienes inician con intereses específicos y en algunos casos muy marcados, como puede ser hacia el sexo opuesto, ciertas partes del cuerpo, la ropa interior. En el caso de las mujeres, aunque en muchos sentidos están en igualdad de circunstancias que los varones, su despertar sexual es más tranquilo, hasta que exploran la sexualidad, y es entonces cuando sus impulsos despiertan con más fuerza, a veces incluso más que en los varones.

> El despertar sexual genera ansiedad, curiosidad y deseo. El ámbito social juega un papel importante, hoy más que nunca la presión social influye mucho. Antes, quizá, los amigos o amigas podrían frenarlos ante ciertas situaciones en donde la vivencia de lo sexual estuviera por experimentarse; hoy, al contrario, los impulsan, los inducen y hasta los presionan para tenerla.

Sobrestimación del ego

El adolescente tiene una gran autosuficiencia, se siente omnipotente, cree que está libre de cualquier peligro, que no corre riesgos, que puede controlar cualquier situación y que es de tontos fallar porque eso sólo le sucede a quien no es suficientemente inteligente. Esta sobreestimación del ego viene muy vinculada con la tendencia permanente de confrontar a la autoridad.

En una ocasión tuve la oportunidad de entrar al reclusorio de Santa Marta Acatitla, el cual está lleno de jóvenes de un promedio de edad de dieciocho años, que creyeron que nada les iba a pasar, que pensaron que eran más listos que todos y supusieron que nadie los iba a sorprender haciendo algo ilegal. Por eso acostumbramos decir de una manera muy coloquial: no te pases de listo. Precisamente porque muchas veces el adolescente actúa intentando pasarse de lo establecido. Vive completamente exaltado en esa postura autosuficiente y arrogante, sin considerar los acontecimientos que de ello resulten. Se siente el centro del universo y que todo gira en torno a su persona, lo cual genera muchos conflictos y confrontaciones con la autoridad. Con tal de cubrir sus necesidades y cumplir sus deseos, pasa por encima de quien sea.

Necesidad permanente de satisfacer sus deseos

El adolescente es hedonista por naturaleza, está en la constante búsqueda del placer. Esto es tan importante que se vuelve el gran reforzador que los lleva a justificarlo todo y asumir cualquier tipo de consecuencia con tal de lograrlo. Las frases: es mejor pedir perdón que pedir permiso o lo bailado nadie me lo quita, las repite comúnmente, porque piensa que el fin justifica los medios.

No le inquieta mentir, engañar, robar, desobedecer, preocupar a los padres, mientras logre su propósito de divertirse y pasarla bien, sin importar que después haya castigos, regaños, restricciones, así como problemas familiares, escolares o incluso legales. Esta es una de las razones más peligrosas por las cuales un adolescente puede meterse en problemas o en conductas poco deseables.

Anhelo de reconocimiento

El adolescente tiene sed de reconocimiento. Muchas de las actitudes y de las acciones que realiza van encaminadas a este objetivo, lo cual lleva implícita la necesidad de aceptación y aprobación de los demás. Esto puede aplicar en un sentido positivo o negativo. Cuando el reconocimiento se busca en los padres o en los maestros, lo puede llevar a hacer cosas sobresalientes; pero lo más común es que pretenda ser reconocido por los amigos y por grupos a los que desea pertenecer, y hará casi cualquier cosa por obtener su aprobación.

En la búsqueda por satisfacer esta necesidad de reconocimiento, puede caer en profundas depresiones cuando no lo consigue, sintiendo que no vale nada o llegar a niveles de exaltación del ego que lo hace sentirse omnipotente. El depósito que hace en el exterior de su propia persona es alto. Si un joven se siente aceptado va a transitar muy bien por la vida, pero si no es así, le va a provocar serios problemas de autoestima.

Haciendo una analogía, podríamos decir que el adolescente tiene un motor interno que necesita gasolina para funcionar. Esta gasolina es el reconocimiento. Cuando es pequeño, sus padres actúan como la refinería que provee el combustible; sin embargo, conforme pasa el tiempo se espera que el individuo eche a andar su propia refinería y que se provea del combustible necesario, sin requerir abastecimiento de otras fuentes. Este proceso se va consumando durante la infancia, y a la edad de seis o siete años es cuando de manera natural poco a poco debe echar a andar su refinería, y que cada vez necesite menos gasolina externa. En la adolescencia, otra vez se requiere de grandes cantidades de combustible externo, pero ahora no recurre a la refinería de los papás, sino de los amigos y compañeros. Es claro que es un proceso normal, pero es muy importante que el adolescente ponga en marcha su propia refinería, porque si depende de otros y no llegara a recibir combustible externo para sostenerse, se apaga y deja de funcionar.

Dicho proceso tiene dos grandes implicaciones. La primera es la vulnerabilidad a la que se somete el adolescente por el simple hecho de querer pertenecer a un grupo, específicamente cuando sus características están lejos de ser dignas, porque se vuelve presa fácil de personas abusivas que lo pueden atraer hacia vicios o malas costumbres. La segunda implicación es que este deseo de pertenencia hace que el adolescente deposite su estado de ánimo y su autoestima en fuentes externas, cuyos valores probablemente no sean los más apropiados.

Necesidad del amor de los padres y de los pares

El adolescente se mueve entre dos posturas: busca apego y reconocimiento de los padres, pero al mismo tiempo quiere sentirse autosuficiente. Su postura pareciera ser: "Sí, papás, los necesito, pero sobre mi cadáver se los demuestro". Sería tanto como reconocer que no es capaz y esto lo hace sentir vulnerable.

Hay jóvenes que tienen problemas de socialización que los llevan a aislarse o hundirse en estados depresivos, pero no lo quieren demostrar y fingen que no les afecta; es una actitud autosuficiente con la que se quiere transmitir un mensaje de: a mí no me hace falta nada y no necesito de nadie. Por otro lado, también desean y necesitan el afecto y la aprobación de sus amigos, pero tampoco suelen reconocer esta necesidad, porque los pone en una posición de fragilidad y dependencia que intentan encubrir.

> Los padres debemos tener presente que esta necesidad de amor del adolescente es real, a pesar de que se esmere en demostrar lo contrario. Hay que darle amor siempre e incondicionalmente, sin importar la forma en que el hijo lo reciba.

Incapacidad para admitir errores o fracasos

Es impresionante la forma en que el adolescente niega sus propios errores. Su actitud es cerrada y obstinada, porque se siente expuesto al fracaso, al rechazo, a la desaprobación y a la descalificación. Se defiende para no admitir ni reconocer fallas. Para un adolescente, que se siente autosuficiente y omnipotente, es muy complicado aceptar que de pronto se equivocó y evita la posibilidad de enfrentarse a eso, lo cual lo puede conducir a actitudes verdaderamente absurdas, más allá de la lógica, en ocasiones hasta más graves que el error cometido pues llegan a inventar cinco mentiras para evitar decir que se equivocaron; esto hace que falle seis veces y no sólo una. Es una dinámica de evasión de las consecuencias de sus actos y de la aceptación de un error.

Por ejemplo, si un joven llega a reprobar una materia en la escuela, difícilmente va a admitir que fue por falta de conocimiento o de preparación, mejor opta por echarle la culpa al maestro o a cualquier otra circunstancia externa.

Apasionamiento

El adolescente suele sentir un interés exagerado o un apasionamiento irracional hacia algunas cosas o personas, como puede ser un amigo, novia o novio, personaje famoso, grupo musical, programa de televisión, película, personaje o cualquier tema. En muchas ocasiones considera que le da sentido a su vida y se convierten en verdaderas obsesiones. Tenemos que recordar que la búsqueda de identidad e individualidad es tarea primordial del chico, y este tipo de apasionamientos lo lleva a encontrar sus verdaderos intereses y razón para vivir.

Preocupación excesiva por defectos físicos

Esta es una conducta que va ligada con la anterior. El adolescente puede sentir una preocupación excesiva por algún defecto físico, y entonces se vuelve una obsesión que no lo deja vivir en paz. Hay momentos en que se preocupan tanto, que gastan gran parte de su energía en esto, y dejan de aprovecharla en donde sí les hace falta, como en los estudios.

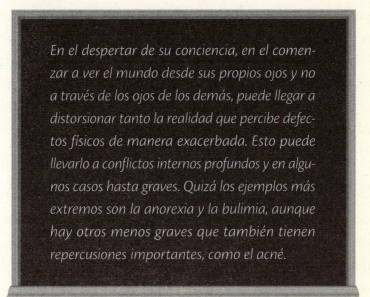

En el despertar de su conciencia, en el comenzar a ver el mundo desde sus propios ojos y no a través de los ojos de los demás, puede llegar a distorsionar tanto la realidad que percibe defectos físicos de manera exacerbada. Esto puede llevarlo a conflictos internos profundos y en algunos casos hasta graves. Quizá los ejemplos más extremos son la anorexia y la bulimia, aunque hay otros menos graves que también tienen repercusiones importantes, como el acné.

Inquietud por alcanzar estereotipos

El adolescente busca personas con cierta imagen o actitud aceptada por la mayoría que le sirvan de estereotipo, como un patrón o modelo de cualidades o de conducta a imitar. Se quieren parecer a esas personas a las que admiran en todos sentidos: su forma de actuar, imagen corporal, modas, comportamiento, gustos. El interés por pertenecer a un grupo, la búsqueda de la propia identidad y la intención de responder a gustos y preferencias propias.

Preocupación somática frecuente

Es muy común que el adolescente viva obsesionado por cuestiones de salud. Es por ello que en la pubertad es cuando comienza a padecer colitis, gastritis, dermatitis, migrañas, mareos, desmayos y muchas otras enfermedades o malestares. Ante cualquier molestia física hace un drama. Siente una preocupación excesiva por las enfermedades, ya sean reales o irreales, así como por algunas complicaciones como el acné, las flatulencias, el mal aliento o el olor a sudor.

Exaltación de valores

El adolescente tiende a exaltar algunos valores, en particular, la amistad y la justicia. A esta edad puede morirse antes que traicionar a un amigo; prefiere asumir la culpa, estar castigado, que lo expulsen de la escuela, que lo regañen, lo que sea necesario, antes que acusar a un amigo. A veces el origen de la exaltación de la amistad está en el deseo de pertenencia.

La justicia es otro valor muy importante, sin embargo, hay que saber que para el adolescente todo lo que no resulta como quiere, es injusto. No es posible tomar a título personal su percepción de la justicia, porque la mayoría de las veces está en función de las cosas que no son como desea, y automáticamente se vuelve injusto.

Autoafirmación a través de las relaciones con los demás

Retomando la analogía que mencionamos páginas atrás acerca de que el adolescente requiere gasolina para que funcione su motor interno, podemos decir que las refinerías que lo abastecen del combustible son las que reafirman al adolescente como individuo, ya sea en su papel de estudiante, como hombre, como mujer, como integrante de algún grupo, o cualquier otro. Se refuerza a través de la aceptación de los demás. Cuando no recibe el combustible, deja de funcionar correctamente y se presenta un desequilibrio, porque no encuentra en dónde ni cómo afirmarse.

Crueldad

La crueldad es un comportamiento característico del adolescente. Puede manifestarla con su prójimo o con los animales, y lo hace con el afán de demostrar dominio y poder.

> El bullying, *que es cualquier forma de maltrato psicológico, verbal o físico entre compañeros, es una forma de crueldad que se presenta muy frecuentemente en la etapa de la adolescencia. Se recurre a este tipo de sometimiento para obtener medios de poder y control sobre otros, acción que genera placer y superioridad.*

A pesar de que este tipo de crueldad en algunos casos pueda considerarse como parte de un comportamiento habitual de los jóvenes, definitivamente no es apropiado. Como ya se ha mencionado, lo normal no siempre es correcto. Es importante tener cuidado con este tipo de conducta, porque la crueldad, ya sea hacia animales o a otras personas, es un precursor muy claro de problemas en la vida adulta más severos que pueden ser el precedente de psicópatas, asesinos, violadores y personas que encuentran placer en dañar a otros.

Malos modales

Muchos adolescentes que nunca habían mostrado malos modales, de pronto comienzan a tenerlos de manera habitual, como consecuencia de dos circunstancias fundamentales: primero, que es un tema que a los jóvenes no les importa en lo absoluto y muestran un desinterés total, porque su cabeza está llena de otras cosas que según ellos son más importantes; segundo, es la tendencia a utilizar los malos modales de manera propositiva e intencional con miras a fastidiar, a hacerse los graciosos, a llamar la atención o por imitar.

Falta de higiene

Los malos modales están muy ligados con la falta de higiene. Es frecuente que el adolescente no quiera bañarse ni lavarse los dientes o la cara. Esta falta de interés en la higiene puede ser una actitud de rebeldía, de querer llamar la atención o de búsqueda de identidad. Algunas tribus urbanas acostumbran estar sucios como parte de su moda, y mientras más mugrientos estén, para ellos es mejor.

Muchos jóvenes padecen acné en la adolescencia, lo cual los hace sufrir y hasta los trauma. Es bien sabido que la higiene es el mejor método para combatir este padecimiento, para lo cual la limpieza facial es fundamental, aun así, les cuesta mucho trabajo lavarse la cara, y se vuelve un suplicio familiar porque los padres le insistirán en que sea cuidadoso con la higiene a fin de procurar ayudarlo a resolver su problema, y el adolescente se negará a hacerlo, a pesar de que le afecta tener acné.

Ambivalencia entre introversión y extroversión

Hay momentos en que el adolescente tiene mucha apertura y es muy platicador, habla con sus padres sobre sus asuntos y comparte sus inquietudes; y en otros momentos se aísla, se encierra en su habitación, no habla sobre nada y se vuelve hermético. Esta actitud no sólo se presenta con los padres, sino también con sus compañeros. Hay veces que es muy sociable y otras ocasiones se vuelve solitario, callado y poco participativo.

Para los padres, esta actitud es muy desconcertante y genera mucha fricción, pues a veces no saben cómo lograr una adecuada comunicación con el adolescente y sienten desagrado por esta actitud un tanto caprichosa. Para no generar conflicto, los padres deben evitar tomar esta situación a título personal y entender que los mismos adolescentes a veces no comprenden la razón por la que tienen esta conducta y cambios de ánimo.

Desinterés general

Una característica más del adolescente es que manifiesta un desinterés general, incluso hacia actividades o asuntos que antes le llamaban la atención. Siente apatía, desgano y una falta de energía para hacer cosas que antes hacía con mucho entusiasmo. Antes gozaba jugando futbol, ahora ya no le interesa; antes iba feliz a clases de pintura, luego ya no quiere ir; antes le encantaba ir a la escuela, ahora la detesta.

Lo curioso es que este desinterés no aplica a todas las actividades, sino que tiene una tendencia hacia aquellas que son importantes para los adultos de acuerdo a una jerarquía de valores. Por ejemplo, puede mostrar interés por las actividades que son propias de un adolescente, como salir con los amigos, asistir a una fiesta, chatear en la computadora; pero demuestran un desinterés absoluto por las actividades que los padres sugieren, como pasar una tarde juntos, salir un fin de semana, visitar a unos parientes.

Enamoramiento

En la etapa de la adolescencia es cuando se dan los famosos enamoramientos, y muchas veces el joven tiene actitudes que se pueden interpretar como desinterés; sin embargo, más que eso, lo que puede estar sucediendo es que esté enamorado y transita por la vida como ausente, está distraído, se pasa la mayor parte del tiempo fantaseando y divagando con la persona de quien está enamorado. Nada más le importa. Así, encontramos casos como la chica que deja de hacer sus obligaciones por pasar horas escribiendo planas y planas con el nombre del chico que le gusta y se enfurece si alguien trata de interrumpirla. O el chico que se pasa toda la tarde haciendo un dibujo para regalárselo a una joven, y no hace nada más.

Apatía y flojera

La apatía es la falta de energía para hacer algo. Una frase muy común en los jóvenes es "¡Qué flojera!", o también dicen "Esto no es divertido". El adolescente todo el tiempo siente desgano y cansancio, sin razón aparente. Parece estar agotado y quiere dormir todo el día.

En cierto grado, esto se debe a la confusión y a la crisis propias de la edad. Los cambios hormonales ocasionan que la energía se les vaya y a veces no les queda suficiente vitalidad para estudiar; lo que obviamente los coloca en circunstancias complicadas de bajo rendimiento académico, poca cooperación en casa, casi nulas actividades sociales y poca higiene.

Retraimiento

El adolescente suele alejarse, ensimismarse y apartarse. Busca momentos de soledad y de silencio. Cuando se encuentra en esta fase, es muy complicado sacarlo de su introversión, así se haga algo por motivarlo o incitarlo. Sin embargo, aparentemente sin razón alguna, de manera instantánea puede cambiar de actitud y buscar compañía, sobre todo de sus amistades.

Engaños y mentiras

Los engaños y las mentiras son muy comunes en el adolescente. Se vuelve maestro en el arte de mentir, o al menos eso cree. Miente con una facilidad brutal, a veces desde su propia omnipotencia que lo hace pensar que es más listo que los demás y que no se darán cuenta de sus engaños.

Principalmente existen tres motivos por los que el adolescente acostumbra mentir: el primero, como ya mencionaba, es por pasarse de listo y de alguna manera obtener o tratar de obtener ventaja; el segundo, para evitar las consecuencias que tendría que vivir si se supiera la verdad sobre algo específico; el tercero, y quizá el más delicado, es cuando miente intencionalmente de manera continua y natural, pero maliciosa.

Hartazgo y fastidio

Muy ligada a la intolerancia se encuentra la actitud de hartazgo y de fastidio. Para el adolescente todo es molesto, a todo responde con un ¡ash! Vive un fastidio generalizado por todo aquello que lo saque de su zona de confort. Si está acostado frente a la televisión y su mamá le pide que le traiga algo, responde con mucha molestia. Todo es una lata.

> *Siente hartazgo hacia prácticamente todas las cosas. Cualquier actividad que lo incomode es un fastidio.*

Crítica permanente

Otro comportamiento habitual del adolescente es la crítica permanente y la descalificación. Como cree que es un experto y conocedor de todo, esto lo lleva a descalificar a quien considera que no tiene la razón; puede ser muy humillante y anular bruscamente a otras personas. Por ejemplo, podemos escuchar a un joven diciéndole a su mamá: "Ay, mamá, qué tonta eres, ¿qué no fuiste a la escuela o ya se te olvidó todo lo que aprendiste?". Así minimiza a otros, porque piensa que siempre tiene la razón.

En ocasiones, para que a un adolescente se le pueda hacer ver una actitud equivocada que debe corregir, es mejor que se lo diga alguien externo, porque le da más valor a lo que ve fuera de casa que dentro. Si uno de ellos le llama la atención por algo, puede reaccionar confrontando y generalmente no hace caso, pero si lo mismo se lo dice la mamá de uno de sus amigos, entonces sí lo toma en cuenta y le parece valioso el comentario.

En el consultorio es común que cuando doy terapia a un chico, le puedo hacer notar un error y lo toma en cuenta de inmediato; pero eso mismo se lo han repetido sus padres infinidad de veces y a ellos no les hace caso. A veces he tenido la posibilidad de decirle algunos jóvenes cosas difíciles de aceptar, con mucha crítica, con un énfasis muy fuerte y conmigo no sólo no se enojan, sino que hasta me lo agradecen. Y ese mismo adolescente puede llegar a aborrecer al papá o a la mamá y sentirse ofendido por un comentario intrascendente.

En la adolescencia, los padres pasan de ser una figura idealizada a una figura minimizada; de ser héroes que todo lo saben y todo lo pueden, se convierten en tontos e incapaces de comprender.

6.   EL ADOLESCENTE FRENTE A LOS PADRES

Un aspecto muy importante para comprender al adolescente es conocer la dinámica que se da en la cotidianeidad con sus padres, su relación con ellos y cómo se va transformando.

La relación de los padres con el adolescente no es sencilla, es una etapa de confrontación, de cambio, de transformación, en donde se requiere mucha paciencia y comprensión.

> Los constantes conflictos con el adolescente llevan a muchos padres a pensar que su hijo tiene una consigna específica para fastidiarlos, que todo lo que hacen tiene el objetivo de enfrentarlos, contradecirlos, desobedecerlos y amargarles la existencia. Evidentemente no es así, sino que el adolescente está viviendo un proceso en el que, para bien o para mal, los padres juegan un papel muy importante.

Revisemos las conductas que frecuentemente se presentan en la relación de los padres con el hijo o con la hija adolescente.

Conflicto por género

El adolescente entra en conflicto con los padres en su calidad de hombre o de mujer. Antes, el papá era el hombre de la casa y la mamá era la mujer de la casa; ahora que el hijo o la hija están creciendo, se empiezan a convertir en un hombre o en una mujer y eso cuestiona la propia condición de la mamá y del papá. Además, cuando los padres se percatan de que su hijo ya es un jovencito o de que su hija ya es una señorita, se confrontan con su propia edad y comienzan a sentir la pérdida de la juventud.

Antes era un niño y sus padres tenían todas las ventajas y prerrogativas sobre él, pero ahora que es un adolescente y que se está convirtiendo en un hombre o en una mujer, ya puede cuestionar a sus padres en una aparente igualdad. Este cuestionamiento no sólo se enfoca al poner en duda sus conocimientos, sino es una cuestión de lucha de poder, de ver quién puede más, quién sabe más o quién aguanta más. Por ejemplo, si hay un pleito y los padres le dejan de hablar al hijo, entonces él también deja de hablarles y los ignora, y así se da inicio a una guerra en la que ninguno quiere ceder ni rendirse, lo que ocasiona problemas más complicados y prolongados. Antes, cuando era un niño, si le dejaban de hablar, el hijo buscaba mil maneras de acercarse a ellos y de que lo perdonaran; ahora se pone casi irremediablemente al tú por tú.

Competencia y rivalidad

En la etapa de la adolescencia también es común que los padres comiencen a ver a su hijo o hija como un rival, sobre todo en cuestiones de fortaleza física, atractivo, inteligencia y conocimientos. Esto sucede ante la inminente pérdida de la fuerza y del atractivo físico. No es extraño encontrar a una mamá rivalizando con la hija en términos de moda, talla y belleza. O papás que por no sentirse mayores quieren competir con el hijo en algún deporte o destreza. Muchos padres se enganchan en esta rivalidad de manera inconsciente, no se dan cuenta ni lo hacen intencionalmente, lo que pretenden es conservar la supremacía; y así vemos al papá que se deja el pelo largo para peinarse con una colita de caballo o la mamá que usa minifalda.

> Hace unos meses, en la escuela en la que estudia mi hijo organizaron una competencia de padres e hijos y me tocó ver el caso de un papá que tenía tal rivalidad con su hijo adolescente que hasta comentó: "Sobre mi cadáver dejo que me gane", y por evitar que lo derrotara en una carrera, casi le da un infarto y cayó desmayado del esfuerzo tan grande que tuvo que hacer. También he sabido de casos en que la mamá le quita el novio a la hija de catorce o quince años de edad. Desde luego que ya son casos anormales o hasta patológicos, pero en el afán de competencia se llegan a dar.

El adolescente también entra en una competencia con los padres, se vuelve retador y enfrenta al papá o a la mamá en su calidad de figura idealizada. Es entonces cuando se pierde el engrandecimiento, se humaniza a los padres y se les baja del pedestal hacia una posición de igualdad. Esto los confronta, sienten disgusto por la equivalencia de posturas y tratan de evitar en la medida de lo posible que esta situación se remarque, lo cual trae consigo muchas discusiones.

> *Para el adolescente siempre va a existir una tendencia a intentar ganarle a su papá o a su mamá, lo cual puede ser de manera abierta y provocativa, o velada e indirecta.*

Confrontación de los padres con su propia adolescencia

Otro aspecto que me parece fundamental es que es una etapa en la que los padres enfrentan las vivencias de su propia adolescencia. Esto puede ser detonador de grandes problemas en dos sentidos principales: el primero, se refiere a que si el papá o la mamá no tuvieron una buena experiencia en su adolescencia, lo más probable es que vaya a confrontar la de su hijo o hija y le resulte muy complicada; el segundo, que sea el polo opuesto a lo que papá o mamá fueron y no tengan la capacidad empática para aceptar las desigualdades.

Vamos a suponer que abusaron sexualmente de la mamá cuando era adolescente; como consecuencia, ahora que su hija está en esa etapa no la querrá dejar sola ni un instante y menos darle permiso para salir con sus amigos. Cuando un papá tuvo problemas con el alcohol durante su adolescencia, ahora que ve a su hijo beber se enfurece por terror a que cometa el mismo error que él. Cuando los jóvenes conocen el antecedente de lo que vivieron los padres, generalmente reclaman: es tu trauma y no el mío, eso te pasó a ti y no a mí, así que déjame vivir; muchas veces desconocen el origen de la obsesión, hecho que ocasiona mayores enfrentamientos.

También influye el tipo de educación y ambiente que vivieron los padres en su adolescencia, porque existe una evidente tendencia a repetir patrones. Como el caso de quienes provienen de familias con una educación muy estricta y autoritaria, con sus hijos quieren ejercer el mismo tipo de formación; o lo contrario, familias en las que no existían los límites y se vuelven padres muy permisivos.

Bien sabemos que los extremos no son recomendables. Atendí en mi consultorio a una joven de veinte años que padece terribles crisis depresivas, razón por la cual ha estado en tratamiento psiquiátrico y tomando medicamentos. En las primeras sesiones me platicó una situación que fue determinante para comprender la raíz de su depresión. Resulta que sus padres fueron muy permisivos con ella, desde los catorce años de edad se la pasaba en fiestas y desde entonces bebía alcohol con toda naturalidad. En una de esas fiestas se embriagó y perdió la conciencia, y al despertar se dio cuenta de que estaba tirada semidesnuda en el jardín, con la ropa desabrochada, aunque aparentemente no la habían violado. Este episodio la hizo sentirse ultrajada, abusada, abandonada y despreciada, sobre todo porque el maltrato había sido por parte de sus propios amigos, y ni siquiera sus amigas la cuidaron ni la defendieron. Ella nunca había hablado de este episodio con nadie y por eso sus padres no comprendían la razón de su depresión. Ahora es una chica aislada, no habla con nadie, no tiene amigos, está terriblemente deprimida y con un desgano brutal; todo por una situación producto de una actitud muy permisiva por parte de los padres y de falta de protección.

No se puede ser muy permisivo con un hijo adolescente, pero tampoco se le puede restringir con base en la propia experiencia o en los traumas de los padres, sino que debe existir un equilibrio.

Hay varios casos que nos sirven para ejemplificar esta actitud de confrontación de los padres con respecto a su propia experiencia, como la mamá que tuvo problemas de obesidad en su adolescencia, y a su hija la tiene a dieta permanente; el papá que destacó en algún deporte y presiona a su hijo para que practique ese mismo pasatiempo.

> *Las vivencias de los padres juegan un papel muy destacado en el trato con un adolescente, y los papás deben estar conscientes de que gran parte de los problemas que tienen con su hijo o hija son un reflejo deo sus propias experiencias, conflictos, miedos, inseguridades y traumas.*

Fluctuación entre conductas deliberadas e involuntarias

Hemos comentado que los adolescentes tienen comportamientos que fácilmente exasperan a los padres; no obstante, es muy importante recalcar que no todas estas conductas son intencionales. Los jóvenes, como todos los seres humanos, fluctúan entre comportamientos voluntarios e involuntarios.

Muchos padres de familia creen que todo lo que su hijo hace, ya sea bueno o malo, es a propósito. Por ejemplo, si le piden que tienda su cama y no lo hace, pensarán que no cumple por querer molestarlos y hacerlos enojar, pero la realidad es que al adolescente simplemente se le olvidó, se distrajo haciendo otra cosa o no le dio importancia. Cuando los padres toman este tipo de actitudes como algo personal, se generan muchos conflictos.

> Desde luego que hay gran cantidad de cosas que el adolescente hace por molestar a sus padres, pero no siempre es así. Es importante comprender la diferencia para evitar conflictos innecesarios.

La recomendación es que no se tomen a título personal todo lo que el adolescente hace o dice. Incluso, esta sugerencia es muy útil cuando la intención del joven sí es molestar, dado que si se sienten agredidos, ya están cayendo en su juego, lo cual va a generar una situación más complicada. De igual forma, si su intención no es de agredir, y se toma como una actitud deliberada, también hay consecuencias negativas. Esto implica no dejarse enganchar con el comportamiento o respuestas del adolescente y evitar tener una reacción exagerada, que no sirve para resolver el conflicto.

Confrontación permanente

Una reacción común del adolescente cuando sus padres le llaman la atención por una razón específica o le hacen una observación, es la confrontación. Esto se debe a que de inmediato activa un mecanismo de defensa que provoca que cada vez que se sienta ofendido, reaccione enfrentándose. Pero bien sabemos que la defensa es el mejor ataque; así, vemos que cuando el adolescente se defiende, en realidad está atacando, lo cual puede desencadenar una reacción en los padres que también intentarán defenderse atacando al hijo y, desde luego, esto desemboca en fuertes conflictos y en un círculo difícil de romper.

El gran inconveniente de defenderse no es sólo que esto implique un ataque, sino que cuando alguien comienza a defenderse pone una barrera como escudo, deja de escuchar y cierra completamente la posibilidad de entender al otro. Cuando ambas partes entran en el juego de defenderse, por más que hablen ya no se escuchan, y lejos de lograr un acuerdo lo único que consiguen es gastar su energía y alejarse el uno del otro.

Si un padre confronta al adolescente, y éste reacciona defendiéndose, ya no lo va a escuchar, ya no va a comprender lo que le quiere transmitir. Y justamente ésa es una actitud común: "Por qué hiciste tal cosa, si ya habíamos hablado de eso y habíamos quedado en que no era correcto; incluso te dije que si lo volvías a hacer te iba a castigar…". Es una actitud que lleva a la defensiva.

> *Ante la confrontación, otra reacción común del adolescente es el silencio. Se queda callado, pero no está escuchando, lo cual también deriva en un conflicto. Se vuelve una plática estéril, salvo por el pleito que va a desencadenar.*

Precisamente, acabo de recibir en terapia a una familia de las que cada vez es más común encontrar. Ambos padres son divorciados, él tiene un hijo de dieciséis años de su anterior matrimonio, y ella tiene una hija de la misma edad, también de su anterior relación, y acaban de tener un bebé de los dos. Todos viven en el mismo hogar, y por si fuera poco, los dos chicos van a la misma escuela y están en el mismo salón de clases. Cuando los padres decidieron casarse, nunca lo comentaron con ellos ni les dieron una explicación. Esto ha generado una gran dificultad de comunicación, nadie se habla con nadie, no hay armonía ni cordialidad, el ambiente es tenso, y como lo comentábamos antes, los canales de comunicación se van bloqueando desde la propia defensa, y cada uno de los chicos opta por encerrarse en su habitación. En esta familia nadie dice nada, nadie enfrenta nada, nadie soluciona nada y todos se están defendiendo. Y con la llegada del bebé el conflicto estalló y la relación está cada vez peor.

Malas contestaciones y faltas de respeto

Otra característica particular de los adolescentes que atañe y afecta a los adultos y que es muy molesta, son las malas contestaciones, así como las formas poco educadas de comportarse: gestos, faltas de respeto, groserías, desplantes. Hay que entender que cuando los jóvenes actúan de esta manera, sí existe una parte mal intencionada por parte de ellos, pero también son modas que se usan para vincularse entre grupos.

Como ya mencionábamos, lo mejor que pueden hacer los padres es no tomar las cosas a título personal, para evitar conflictos, pero sí es importante corregirlos.

Muchos padres no prestan atención a este tipo de expresiones y las ignoran; sin embargo, tienen repercusiones importantes. Probablemente lo peor es la conducta permisiva: comienzan condescendiendo, pero un día pierden la paciencia y explotan en contra del hijo por todo lo que le han tolerando por tanto tiempo. A esto lo llamo Relación de veinte a dos. Quiere decir que el padre permite varias veces y en la décima explota contra el hijo: lo amenaza, lo regaña, lo castiga y le dice que no lo va a perdonar nunca. Luego se le pasa el enojo, viene la culpa y el remordimiento, y después el hijo continúa con su comportamiento habitual, el padre sigue permitiendo, hasta que a la vigésima segunda ocasión, otra vez arremete contra él y nuevamente lo quiere matar. Esta Relación de veinte a dos significa que se quieren corregir veinte malos comportamientos con dos regaños, y así no funciona.

Un matrimonio con quienes mantengo una amistad muy cercana, tiene una casa de campo y en ocasiones me invita a pasar el fin de semana con ellos. Tiene una hija adolescente que todo el tiempo está con malas contestaciones y ellos lo permiten; a mí me sorprendía que no le dijeran nada, pues en ocasiones la niña es verdaderamente grosera. Pero un buen día, la mamá reaccionó como desquiciada, y todos nos quedamos pasmados con el grado de enojo que manifestó. Ya que se calmó un poco, le comenté que el problema no era de su hija, sino de ella, que le permite tantos malos comportamientos y nunca le llamaba la atención ni le decía nada. Ese momento en que explotó, la falta de la hija ni siquiera había sido tan grave, por lo menos yo había presenciado muchas peores: la hija le dijo que era bipolar, que estaba loca, la dejó hablando sola, cuando le dio una instrucción se rió de ella y no la obedeció. El problema está en que con un regaño quiere corregir veinte faltas.

Para corregir a un joven se debe hacer con una relación de uno a uno: por cada falta, una llamada de atención o una consecuencia. Una cosa es que esas malas contestaciones no se tomen de manera personal, y otra muy distinta que se permitan. Lo correcto es corregir cada una de las faltas, pero sin confrontar, sin pelear y sin engancharse.

> *Ante cada falta se debe llamar la atención, marcarla, poner un alto, quizá una consecuencia; lo cual puede hacerse sin necesidad de alterarse ni de agredir, pero sí haciendo notar el error.*

Susceptibilidad

Otro gran conflicto con el adolescente es que no se le puede decir nada sin que se lo tome a mal. Prácticamente todos los comentarios de los padres le generan una molestia, ocasionando que la comunicación se vuelva complicada. El joven cree que todo lo que se le dice es con la intención de agredirlo, criticarlo, presionarlo y descalificarlo. Un simple comentario, como decirle que una playera ya le queda chica, puede hacerlo explotar, cuando el comentario simplemente era una observación de que ha crecido mucho y que es necesario comprar otra playera. A un comentario tan inofensivo como: "Oye, se te ve muy bien el pelo", contesta con una agresión: "Ay, cálmate, ni que tú sí supieras peinarte, ¿no ves que me quedó horrible?". Se siente ofendido, sobredimensiona y magnifica cualquier observación, y todo lo toma a título personal. Parece como si se le estuviera hablando a través de un megáfono: los padres hablan en un tono de voz tranquilo y suave, pero el adolescente escucha gritos. O hacen un comentario positivo, y para el hijo tiene una connotación negativa.

Víctimas de la injusticia

Los adolescentes viven todo lo que no resulta como ellos desean como una gran injusticia. Para todo dicen: "No es justo". Si no puede ir a una fiesta, no es justo, ¿por qué a sus amigos si les dan permiso de ir y a él no?; si tiene que cumplir con alguna obligación en el hogar, no es justo, él quería hacer otra cosa.

Cuando un adolescente llega a mi consultorio y me dice que sus padres no lo entienden, que se siente incomprendido, que todo es injusto, indago un poco y me doy cuenta de que todo su malestar proviene de momentos en que él ha querido algo y el papá o la mamá se lo ha negado. Como adultos es muy importante entender que cada vez que el adolescente quiere algo y no lo consigue, su respuesta natural será pensar que se trata de una injusticia.

Si los padres no lo complacen en todo, el adolescente se siente incomprendido.

Tuve la siguiente conversación con un adolescente que iba a terapia conmigo y que tenía problemas en la escuela, precisamente porque se sentía incomprendido:

—¿Qué significa exactamente que no te comprendan, que no hacen lo que tú quieres?
—Es que tienen que comprender que somos jóvenes y a veces nos da flojera hacer la tarea.
—Entonces, para que te comprendan, ¿qué tendría que pasar?
—Bueno, que me den oportunidad de entregar la tarea otro día.

—Ajá, ¿así sí te sentirías comprendido? Porque si tú te acercas al maestro y le dices que no hiciste la tarea porque te dio sueño, ¿qué esperas que él te diga? "No te preocupes yo sé que a los jóvenes les da mucho sueño, lo entiendo muy bien, pero tienes cero por no entregar la tarea cuando se te pidió". ¿Así sí te sentirías comprendido?

El asunto de la comprensión y de la injusticia es un tema recurrente con los adolescentes. Cuando los padres entienden esta actitud de su hijo, logan desligarse del problema, y es conveniente que le hagan ver que cuando se siente incomprendido, lo único que está sucediendo es que no lo dejan traer el pelo largo hasta la cintura, que a la chica de catorce años no la dejan hacerse un tatuaje o que al estudiante de secundaria no le permitan quedarse hasta la madrugada en una fiesta. Los padres pueden decirle a su hijo: "Mira, mi amor, te comprendo perfectamente, y sé que quieres hacerte un tatuaje porque está de moda, pero en este momento estás muy pequeño para tomar una decisión así". Aunque este comentario de todos modos no le agradará, pues no estará consiguiendo lo que quiere.

Derechos sin obligaciones

Es muy claro el hecho de que los adolescentes se focalizan más en sus derechos que en sus obligaciones, y esto naturalmente confronta a los padres. Como adultos, hacemos énfasis en que los adolescentes entiendan que un derecho trae consigo por lo menos una obligación o hasta varias, pero ellos sólo ponen atención en el derecho, no en la obligación.

Es responsabilidad de los padres hacerles entender que esos derechos forzosamente van acompañados de obligaciones que se deben cumplir, y que no hay derechos sin dichas obligaciones. Muchos derechos se pierden por no cumplir con la obligación que corresponde.

Por ejemplo, si alguien llegara a cometer asesinato y el juez le pregunta por qué lo hizo, y contesta que porque estaba enojado, evidentemente no le va a decir: "Ah, bueno, vete a tu casa, y ya no te enojes tanto". Al contrario, habrá que asumir la consecuencia. O, si en un momento dado, alguien no cumple con sus obligaciones como padre, ya no podrá ver a sus hijos y perderá la patria potestad o la custodia. Si alguien no cumple con sus obligaciones fiscales, va a la cárcel; pero si cumple con el pago de sus impuestos, tendrá derecho a su libertad, a trabajar, a su familia, a comprar un auto, a tener una casa, a su patrimonio.

> *Los adolescentes necesitan saber cuáles son sus derechos, las obligaciones que implican, así como las consecuencias por no cumplirlas.*

Prepotencia

Como ya hemos mencionado, los adolescentes se creen omnipotentes y omniscientes, se sienten más listos que todo el mundo y, por lo mismo, creen que siempre tienen la razón. Esto hace que intentar razonar con ellos sea una tarea titánica y complicada.

> Los adolescentes siempre creen tener la razón, aunque en muy contadas ocasiones así sea; no darle la razón ocasiona fuertes confrontaciones.

Necedad

Debido a que los adolescentes creen tener siempre la razón, se vuelven sumamente necios, empecinados y reiterativos. Se aferran a una idea y no la sueltan. Alegan de forma interminable sobre el mismo asunto. Esta actitud puede ser verdaderamente desesperante para los padres. Algunos chicos son tan insistentes y aferrados, que discuten sobre lo mismo por días, pretendiendo que se les dé la razón en algún momento.

Unos padres tenían como regla familiar que en el momento de la comida no se podían acompañar los alimentos con refresco embotellado. En una ocasión, después de un evento especial que se había organizado en su casa, habían sobrado muchos refrescos, por lo que el hijo le pidió a su mamá que lo dejara tomar un refresco en la comida, pero no le dio permiso. El joven insistió e insistió: "Quiero un refresco... quiero un refresco... quiero un refresco...". Y su mamá continuaba negándoselo, hasta que la hartó, y le dijo: "Me vuelves a repetir una vez más que quieres un refresco, y te encierro en la despensa para que dejes de estar de necio". Y el joven siguió: "Es que sí quiero un refresco, de verdad, quiero un refresco". Entonces la mamá cumplió con su amenaza y lo encerró en la despensa. Después de un tiempo que se le hizo interminable, el joven le gritó a su mamá: "Mamá, ya sácame, por favor, te prometo que ya me voy a portar bien". Cuando escuchó esto, la mamá le abrió la puerta, y lo primero que hizo en cuanto pudo salir fue decir: "Pero sigo queriendo un refresco".

Críticos con los padres

Otra conducta común del adolescente es la tendencia a criticar a sus padres. Si pudieran escuchar lo que su hijo habla con sus amigos sobre ellos, se moriría del impacto, porque son muy severos e implacables con sus comentarios.

La crítica también puede ser de manera directa, con comentarios como: qué mal te ves…, te ves ridícula…, te ves viejita…, te ves gorda…, el pelo te quedó fatal…, haz ejercicio…, estás panzón…, te estás quedando calvo…, tienes arrugas.

Yo tuve una experiencia personal que se relaciona con este tema. Cuando estaba en preparatoria tenía un amigo cercano con el que un día estaba hablando por teléfono. Me contaba que su papá acababa de negarle un permiso y estaba muy molesto. Sin que nos percatáramos, en casa de mi amigo su papá descolgó el teléfono y se puso a escuchar nuestra conversación. Mi amigo se estaba desahogando conmigo, y en su enojo me comentó que su papá era un imbécil, que era un borracho, que no lo soportaba y no recuerdo cuántas cosas más. El hecho es que el papá se enfureció de tal manera por la forma en que su hijo se expresaba de él, que le dejó de hablar por más de cuatro años. Fue una tragedia. Y lo único que sucedió fue que escuchó una conversación natural entre adolescentes, sin tomar en cuenta que él estaba rompiendo una regla básica de privacidad.

No quiero decir que sea correcto que los jóvenes se expresen mal de sus padres; me refiero a que es un comportamiento natural.

Relación sometimiento-hostilidad

Está comprobado que cuando los jóvenes son víctimas de sometimiento por parte de grupos fuera de casa, manifiestan mayor hostilidad en el hogar. Esta relación es inversamente proporcional, mientras más oprimidos y subyugados estén por sus pares, incluso adolescentes que son víctimas de *bullying* en la escuela, más terrible puede llegar a ser su actitud con sus padres.

Este comportamiento se debe a que el adolescente busca una forma de desquitarse por el maltrato que recibe fuera de casa, y generalmente los padres se convierten en su blanco perfecto. Es como la persona que cuando se desmaya, curiosamente siempre hay alguien que la está viendo y siempre hay un sillón cerca en donde puede caer. Es exactamente lo que hace el adolescente: se tira en donde más cómodo cae y menos le duele. Así, todo lo que no puede hacer con los grupos que lo maltratan, como defenderse, quejarse o imponerse, lo voltea como un mecanismo compensatorio, y con sus padres es grosero, necio, criticón, enojón, inconforme, rebelde y todo lo que no puede ser fuera de casa.

Muchos padres me han comentado que es abismal la diferencia entre el comportamiento que el adolescente tiene dentro y fuera de casa, y se cuestionan por qué no puede defenderse de quienes lo molestan en la escuela o en la calle, si con su familia demuestra tener tanto carácter.

Rechazo a actitudes de los padres

Ciertas actitudes de los padres que antes eran relativamente bien aceptadas por el hijo o la hija, comienzan a rechazarlas durante la adolescencia. Una de estas es la costumbre de opinar acerca de su aspecto. Los adolescentes tienen una tendencia a confrontar el esquema tradicional de los padres y a recibir de muy poco agrado cualquier comentario o sugerencia sobre su aspecto, argumentando que no saben sobre moda y que son anticuados.

El adolescente también tiende a rechazar las actitudes paternalistas, de cuidado y de apoyo. Le genera gran molestia que por cualquier motivo y ante cualquier circunstancia, los padres aprovechen para darle un discurso, ya sea para transmitir mensajes correctivos, valores, aprendizajes o vivencias. Para el hijo no son más que rollos.

Y, como otro punto, tienden a rechazar las actitudes directivas y dirigidas, como "deberías de hacer esto", "por qué no hiciste esto otro", "ve y dile al maestro por qué te reprobó, y si no te lo explica buscas al director". Es una tendencia dirigida a que el joven haga las cosas tal como los padres quieren, y esto provoca un terrible rechazo, que si lo vemos en un sentido estricto, a cualquiera le desagrada. Pero a ellos aún más, porque lo toman como órdenes que deben cumplir; incluso en cuestiones sentimentales. Por ejemplo, la adolescente que le dice a su mamá: "Ay, mamá, fíjate que mi novio me dijo que le gusta otra niña y no sé qué hacer", y la mamá de inmediato toma el control del asunto, y le da instrucciones a la hija de lo que debe hacer: "No, pues si le gusta otra niña, que se vaya con ella; mañana mismo terminas con él y le dices que ya no te interesa y que no vale la pena"; sin indagar cómo se siente su hija, ni qué es lo que ella quiere. Muchas veces lo único que los hijos buscan es que los escuchen.

Estrategias de vinculación con los adolescentes

Hemos mencionado los comportamientos más comunes en la relación de los padres con el adolescente. Esta información es una herramienta para apoyar al hijo en su tránsito por esta etapa. En la medida en que se llegue a comprender esta dinámica y sus raíces, será más sencillo resolver los conflictos que se presenten en la vida cotidiana y fomentar un ambiente armónico en el hogar.

Quiero concluir este capítulo compartiendo dos estrategias prácticas que coadyuvan en la comunicación y vinculación de los padres con el adolescente:

- El juego de "¿qué quieres que te diga?"
- Evitar órdenes dirigidas

A) El juego de "¿qué quieres que te diga?"

Cuando un adolescente se acerca con mamá o papá para comentar algo específico, no siempre lo hace con la misma intención, y cuando no recibe la respuesta que espera se puede molestar y sentir incomprendido; pero como los padres no son adivinos, es muy complicado saber lo que el adolescente está buscando o lo que necesita en determinado momento.

El juego de "¿qué quieres que te diga?", sirve como una técnica para generar empatía y comunicación con nuestros hijos. Consiste en ponerse de acuerdo con el hijo o la hija, para que de manera clara y directa le diga a sus padres qué respuesta espera de ellos. Esto implica que se le permita hablar sin interrupciones, escuchándolo atentamente y, al terminar, el padre o la madre le pregunte: "¿Qué quieres que te diga?".

Muchas veces, lo único que el adolescente busca al acercarse a hablar con sus padres es informarlos. No espera ningún consejo ni reclamo, sólo comunicar algo. Dado que los padres aprovechan cada oportunidad para dar clases de moral o lecciones correctivas, el adolescente tratará de evitar el discurso a toda costa, y esto irá cerrando los canales de comunicación.

Un adolescente puede tener diversas intenciones cuando platica con sus padres: conocer su opinión, recibir un consejo, saber si ellos vivieron una experiencia similar, conocer qué harían en su misma situación, curiosamente a veces quieren que los regañen y les digan que se equivocaron, recibir consuelo y cariño, o no esperan nada.

Así, cuando el adolescente termina de hablar, sólo hasta ese momento, después de que lo escucharon con toda la atención y sin interrumpirlo, la mamá o el papá le preguntará: "¿Qué quieres que te diga?", y si contesta: "nada, sólo quería platicártelo", los padres tendrán que quedarse callados. Si quiere que le digan lo que harían en su lugar, sólo contestan eso, nada más, nada de órdenes ni de instrucciones. El éxito del juego es respetar lo que el adolescente está pidiendo.

Muchos padres me han comentado que a veces practicar este juego puede ser frustrante para ellos, porque el hijo sólo les pide que lo escuchen y ellos se estén dando cuenta de que está cometiendo un error y quisieran hacérselo notar. Lo que recomiendo en estos casos es que sí le hagan saber su error, pero en otro momento, y decirle por ejemplo: "Hijo, la otra vez que platicaste conmigo me pediste que no querías que te dijera nada, y así lo hice, pero me quedé con la inquietud de hacerte saber que me parece que fue irresponsable de tu parte haber hecho eso, y quiero pedirte que no vuelva a suceder".

Como una anécdota personal, cuando yo era un niño, todas las noches tenía la costumbre de antes de ir a la cama pasar a la habitación de mis papás para desearles las buenas noches y que mi madre me diera la bendición. Pasó el tiempo y yo rompí esta costumbre. Un día, mi mamá me enfrentó y me preguntó la razón por la que ya no iba por la noche a que me diera mi bendición, y yo le dije: "La verdad, la verdad, es que ya no lo hago porque cada noche que iba a despedirme de ti, tú aprovechabas para regañarme, y una costumbre que antes era muy bonita y que me gustaba mucho se convirtió en una escalada de reclamos y reproches". Fue muy conveniente que pudiéramos hablar del asunto, porque ella se dio cuenta de que el objetivo de ese momento era de acercamiento, y así pudimos continuar con nuestra tradición, y ella dejaba los regaños para otra ocasión.

Existe una investigación muy interesante que muestra que un adolescente observa alrededor de catorce indicadores antes de hablar algún asunto con sus padres. Por ejemplo, quienes tenemos hijos, fácilmente nos podemos percatar que cuando nos quieren pedir algo empiezan a rondar, hacen preguntas y observan el tipo de respuesta y el tono en la voz, indagan el estado de ánimo y revisan un montón de indicadores antes de abrir la boca. Obviamente, cuando tienen cosas que pedir, como un permiso, o cuando tienen que entregar un reporte o malas calificaciones, van midiendo todos los indicadores posibles hasta encontrar el momento adecuado para obtener una respuesta positiva o, en su defecto, para que les vaya lo menos mal posible. Esto implica que los padres deben mostrar una postura de apertura para propiciar el acercamiento, puesto que muchas veces consciente o inconscientemente ponemos una barrera que impide que el hijo haga contacto.

Si cada vez que el adolescente se acerca con sus padres, éstos le salen con un discurso de una hora; si les cuenta un problema y se ponen nerviosos y aprensivos; si siempre lo regañan; si nunca lo escuchan con atención, con el paso del tiempo ya no buscará ni alentará la comunicación.

B) Evitar órdenes dirigidas

Los padres acostumbran utilizar sus propias vivencias para dar recomendaciones, y esto es algo que el adolescente aborrece y, por lo mismo, no surte el efecto que se busca. Por ejemplo, el papá que tuvo un accidente de carretera viajando con sus amigos, ahora no quiere que su hijo salga en el coche con sus amigos ni a un kilómetro de distancia de su casa. O la mamá que le dice a su hija que se esmere mucho en sus estudios, pues ella no pudo terminar la preparatoria por casarse muy joven.

El adolescente se percata de que estas recomendaciones provienen de los miedos de sus padres, de los conflictos de su época de adolescencia y con mayor razón las rechaza, pues no las justifica. Hay momentos en que el joven está abierto y receptivo, pero hay otros en los que no, y los padres también deberíamos aprender a leer los indicadores de nuestro hijo para identificar los instantes en que muestren esa disposición.

Los padres buscamos que nuestro hijo o hija cumpla con las expectativas que tenemos de él o ella. Por decir, la mamá que es muy arreglada y que cuida mucho su imagen, querrá que su hija sea igual, que siempre esté bien peinada y vestida, porque así es como ella la visualiza. Pero cuando sucede lo contrario, la hija es desgarbada y no es muy cuidadosa con su higiene, agrede a su madre, a veces de forma premeditada, aunque la mayoría de las ocasiones es una actitud inconsciente, pues probablemente sea la consecuencia de una personalidad diferente.

También es común que se presente una dinámica a la que llamo Contraidentificación, en donde el hijo o la hija se identifica en sentido contrario con la madre o el padre; si la mamá es muy ordenada, la hija es desordenada; si al papá le gusta el futbol, al hijo le molesta. Es una manera de identificarse que funciona de manera inversa, lo cual forma parte de su tendencia al rechazo.

7. LOS ADOLESCENTES ANTE EL GRUPO DE AMIGOS

La dinámica que el adolescente mantiene con su grupo de amigos tiene una fuerte repercusión en su comportamiento tanto fuera como dentro de casa, e influye de manera determinante en el desarrollo de su propia persona y en el tipo de relación que guarda con sus padres. Al conocer y comprender la forma en que un adolescente se relaciona con sus pares, sin duda otorga muchos elementos para una mejor comunicación y vinculación en el hogar.

Distanciamiento de la familia

Antes de entrar a la pubertad, se pasa por la etapa de la latencia que, como ya señalamos, abarca el periodo de los cinco a siete años hasta los once a doce años de edad. Esto refiriéndome a los rangos tradicionales, ya comentamos que en los últimos años la pubertad se presenta en edades cada vez más tempranas. La etapa de la latencia se llama así precisamente porque las pulsiones sexuales, de las que hablaba Freud hace más de cien años, se encuentran en estado latente. En esta fase se da una tendencia a la separación de los géneros, lo que conlleva a que los niños sólo quieran convivir con otros niños, y las niñas con niñas.

Conforme se va dejando atrás esta etapa y se entra en la pubertad, el joven comienza a sentir la necesidad de distanciarse de su familia, con la que hasta ese momento había mantenido una relación muy estrecha. De pronto, el hijo ya no quiere formar parte de los planes familiares y surge el interés por estar con los amigos, de ambos géneros, o quedarse solo en casa. Muchos padres que no comprenden la naturaleza de este proceso de separación lo viven como algo doloroso y desconcertante que les genera un fuerte conflicto; lo toman como algo personal, cuando en realidad es un proceso natural de desapego que, incluso, es muy benéfico para el sano desarrollo psíquico del adolescente. Esto no quiere decir que cada vez que el joven no quiera salir con sus padres se le tenga que dejar solo, sino que comprendan el origen de su deseo.

Soporte por parte del grupo de amigos

La adolescencia es una etapa de crisis que ocasiona diversos tipos de conflictos en el individuo, muchos de ellos difíciles de resolver. En estos momentos, su grupo de amigos funciona como una especie de soporte, ya que como generalmente son jóvenes de la misma edad, hay mucha identificación y afinidad por estar viviendo situaciones similares. Son relaciones de igual a igual, enfrentan los mismos problemas, hablan de las mismas cosas, tienen los mismos conflictos internos. Esta es una razón muy fuerte para que ante una crisis, el adolescente primero busque apoyo de los amigos, antes que de los padres o de cualquier otro adulto.

Influencia del marco sociocultural

El marco sociocultural ejerce una importante influencia en el adolescente, es ahí donde empieza a poner atención en la moda, estereotipos y modismos con los que convive en el día a día que obviamente querrá copiar y apropiarse de ellos. Si todos sus amigos llevan determinado tipo de teléfono celular, si usan ropa de cierta marca, si van a tal o cual plaza comercial, si unos tenis se ponen de moda, deseará lo mismo.

Esto hace que se imiten estándares muy claros en la ropa, peinado, accesorios, pero también en formas de hablar, palabras, muletillas, tonos y ademanes. Cuando el hijo incluye estas modas en su vocabulario, se puede generar un choque en la familia, sobre todo cuando no están acostumbrados a escucharlas, ya sea porque son tradicionalistas o porque cuidan mucho las formas y los modos.

Cumplir con estos estándares es tan importante para un adolescente, que así lo amenacen con expulsarlo de la escuela porque va en contra de las reglas, va a preferir sus propias reglas y seguir perteneciendo. También comparten estereotipos mentales, así vemos grupos de adolescentes que comienzan con movimientos políticos, ambientales o de cualquier otro tipo, y cambiarán su forma de pensar y de proceder con tal de pertenecer a estos grupos.

Es importante que los padres comprendan que la adolescencia es una etapa en que la familia tiene que abrirse a nuevos esquemas, modas y estilos de vida que antes no eran de su interés, no conocían o no les gustaban. Gracias al hijo, los padres se enteran y se actualizan de lo que se acostumbra, como lugares de moda, ropa, hábitos, tecnología, programas de televisión, películas, modismos. Cuando se cierran las puertas a todo esto, se genera un enfrentamiento. Lo correcto es que exista una entrada con un filtro que permita pasar aquello que logre mantener una adaptación al entorno, pero conservando la educación y el respeto.

Descalificar a los padres

La crítica a los padres se convertirá en uno de los temas favoritos de los jóvenes. Es muy común que los descalifiquen, no solamente desde el esquema que hemos venido manejando, en donde la crítica se origina en el ego del adolescente que se siente superior y autosuficiente, sino porque también hay una parte de identificación con los amigos que tienen su propia percepción generacional. Así, los jóvenes acostumbran clasificar a los padres, propios y ajenos, en diferentes tipos, muchas veces con burlas o palabras despectivas.

Es común que el mismo adolescente no tenga una idea clara de cómo es su familia con respecto a otras, pero cuando sus compañeros le dicen, por ejemplo: "Tus papás son bien mochos", entonces se percata de que sus padres se distinguen por alguna característica en especial, y tendrá que enfrentarla, porque preferirá confrontarse con sus progenitores que con los amigos, con quienes busca puntos de identificación.

Refugio en grupo de amigos

El adolescente tiende a refugiarse en el grupo de amigos por tres razones principales: se identifica, le da seguridad y se siente cómodo.

Estas razones son una mezcla muy poderosa y atractiva, y evidentemente lleva a que se formen alianzas. Estas alianzas son tan fuertes que el adolescente elegirá al amigo ante casi cualquier otra cosa. Antes preferirá defraudar a los padres que a su amigo.

La amistad se convierte en el valor más importante en la escala del adolescente y la lealtad será fundamental. Un joven de secundaria es capaz de permitir que lo expulsen de la escuela, antes que acusar a un amigo por haber cometido una falta. Los lazos son tan estrechos y existe tal identificación con los compañeros, que llegan a percibirse como uno mismo.

Este vínculo puede ser delicado cuando las amistades no son buena influencia, pues habrá una fuerte tendencia a que se copien los patrones. Cuando los padres tratan de separar estos lazos, lo único que logran es fortalecerlos.

El grupo de amigos es un buen refugio para el adolescente porque es el espacio en el que puede compartir abiertamente sus temores y preocupaciones: existe una gran comprensión, porque viven lo mismo, piensan lo mismo y tienen los mismos temores. Esa relación de identificación es importante para el adolescente.

Recibí en consulta a los padres de una adolescente de trece años que estaba teniendo una conducta rebelde y conflictiva, y esto les preocupaba demasiado, creían que estaba siendo influenciada por una compañera de la escuela, con la que mantenía un lazo de amistad muy estrecho, y quien tenía una familia terriblemente disfuncional. Querían que los orientara para corregir el comportamiento de su hija. Cuando platiqué con ellos, me enteré de que su relación era conflictiva, peleaban continuamente y hasta habían llegado a los golpes, razón por la cual en ese momento estaban en trámites de divorcio. Después de escuchar esto, me quedé sorprendido de que pensaran que la razón de la conducta de su hija fuera la influencia de su amiga y los problemas de su familia. Al parecer, lo único que había que evaluar era cuál de las dos chicas tenía la familia más disfuncional, el hecho de que tuvieran una estrecha amistad me parecía de lo más natural, ya que vivían situaciones similares que les permitía identificarse y comprenderse.

Si no se resuelve el problema en casa, de nada servirá apartar al hijo de un grupo que se considera una mala influencia. Por ejemplo, los padres que deciden cambiar al hijo de escuela para alejarlo de un ambiente poco propicio y de amistades poco convenientes, y resulta que en la otra escuela encuentra lo mismo: ambiente, amistades y problemas con el mismo perfil del que originalmente se intentaba separar.

Amistades estrechas y absorbentes

Los adolescentes entablan amistades estrechas y absorbentes que les permiten dar vía libre a sus emociones; a veces llegan a crear mimetismo con sus amigos y las relaciones son verdaderamente simbióticas.

Como el caso de la adolescente que después de pasar todo el día con su mejor amiga, en cuanto se despiden toma el teléfono y mantienen una conversación de horas. Y los padres no se explican qué tanto pueden estar hablando, si estuvieron todo el día juntas. Al siguiente día, la amiga que despierta antes le envía un mensaje a la otra, y el resto del día lo pasan chateando. Se platican absolutamente todo lo que hacen, sienten y piensan. No pueden estar la una sin la otra, pareciera que se necesitan. Son relaciones muy estrechas y cercanas, porque los adolescentes requieren tener a alguien incondicional en quien confiar. Por esta razón, como ya hemos comentado, la lealtad es uno de los valores más importante para ellos.

Sin embargo, la lealtad puede tener dos inconvenientes: primero, cuando se convierte en complicidad (una lealtad mal enfocada puede llevar a alguien a encubrir, callar o aguantar algo que no es correcto, y recordemos que legalmente la complicidad se castiga severamente). Y, segundo, cuando la lealtad es traicionada (para los adolescentes es algo que difícilmente pueden superar, y se convierte en un verdadero drama).

Vivencia compartida

Los lazos de amistad entre los adolescentes son tan fuertes, que generan lo que se conoce como vivencia compartida, que significa que el problema de uno lo sufre y lo padece con igual intensidad el amigo o grupo de amigos; lo que le pasa a uno, le pasa al otro. Viven lo mismo desde diferentes perspectivas.

> *Cuando el adolescente comparte una pena, la hace más llevadera. Esto genera una gran identificación que propicia que los lazos de amistad se estrechen y la relación entre amigos sea más sólida.*

Identificación de grupo

Otra cuestión que permite el grupo de amigos es identificarse entre ellos en un esquema de pertenencia. La identificación tiene mucho significado para los adolescentes, es parte de su proceso de búsqueda de identidad. A través de las características del grupo y de las afinidades que lo unen, van descubriendo rasgos de su propia personalidad.

Algunos jóvenes que tienen una autoestima más desarrollada no se interesan por identificarse con ningún grupo en específico, prefieren rondar como satélites en diferentes grupos, sin pertenecer a ninguno; generalmente son amigos de todos. También hay quienes, aunque lo desean, no logran integrarse en ningún grupo, acaso porque no tienen una identidad definida o presentan pocas habilidades sociales.

Satisfacción del deseo de pertenencia

Uno de los factores claves de la identificación de grupo es la satisfacción del deseo de pertenencia. Éste puede funcionar como un impulsor hacia algo positivo o negativo, dependiendo de las características del grupo, ya que el adolescente, en su necesidad de pertenecer, buscará identificarse en la mayor cantidad de formas posibles. Si es un grupo deportista, se esforzará por destacar en los deportes, pero si es un grupo de pandilleros, de igual forma buscará destacar en ese ámbito.

Así, el adolescente tratará de cambiar algunos modelos o comportamientos para pertenecer. El riesgo que existe es que el deseo de pertenencia puede convertirse en su peor enemigo, dado que en su afán de pertenecer es capaz de tener conductas inapropiadas o riesgosas, fallas e incluso atentar contra la ley. Un adolescente adquiere el vicio de fumar, aunque nunca antes le hubiera llamado la atención el cigarro, lo hace porque todos en su grupo fuman; es capaz de robar si todos en su grupo acostumbran hacerlo; puede cambiar su apariencia, costumbres y modo de pensar por pertenecer a una tribu urbana; una joven puede tener relaciones sexuales sólo porque todas las chicas de su grupo ya han tenido sexo.

El deseo de pertenencia puede llevar a la traición. Por ejemplo, tuve el caso de una joven que fue traicionada por su mejor amiga, y precisamente esa era la razón por la que iba a terapia, pues no podía superarlo. Resulta que estas dos amigas habían estado muy vinculadas, y por lo mismo habían platicado cuestiones íntimas. La chica que estaba en terapia le había confesado a la amiga que, cuando era niña, abusaron sexualmente de ella. Paralelamente estas jóvenes nunca habían sido aceptadas en el grupo de las más populares de la escuela, y también era algo que las unía. Pero de pronto, la amiga comenzo a ser aceptada en ese grupo, y por ganarse su simpatía les contó el secreto de su anterior amiga, la que había sufrido el abuso sexual. Esto ocasionó que se hiciera víctima de sus burlas, pero lo que más le lastimaba era la traición.

El deseo de pertenencia juega un papel muy importante y es un tema delicado. Gran cantidad de padres van a consulta conmigo porque su principal problema es que no saben cómo lidiar con la necesidad de pertenencia de su hijo y de lo que es capaz de hacer por ello. Existen casos extremos, en que el joven le ha tenido que decir a su mamá: "Déjame mostrarme un poco rudo contigo cuando esté con mis amigos". El hijo que normalmente es muy cariñoso con su mamá, le pide permiso para no ser así cuando están sus amigos, porque de otra forma corre el riesgo de dejar de pertenecer a su grupo.

Muchos adolescentes ni siquiera están convencidos de tener ciertas actitudes, pero por no quedarse fuera de un grupo, prefieren adoptarlas. Esto les genera fuertes conflictos de identidad y problemas con los padres.

Acceso a la figura de un líder

El adolescente tiende a buscar una figura a quien admirar, y la adopta como su líder. Dependiendo de los valores que sean importantes para cada quien, será el tipo de líder que admire; puede ser alguien real como un actor, cantante, deportista, empresario, científico, religioso; o personajes de ciencia ficción, literarios, o históricos. Esta admiración puede convertirse en verdadera obsesión.

Muchas veces la figura líder es alguien con quien se relacionan de manera cotidiana, ya sea algún compañero, maestro o instructor. De hecho, dentro de los grupos de adolescentes suele haber alguien que se distingue por ser el líder, generalmente es el más popular. Los integrantes del grupo querrán copiarlo, parecerse a él y ser de su agrado. Así, por ejemplo, vemos grupos de niñas que se arreglan, se peinan, se visten y actúan igual a la que es la líder.

El líder tiende a convertirse en un héroe y los adolescentes llegan a sentir veneración. Lo que ese líder haga o deje de hacer será de mucha influencia en ellos, ya sea como individuos o como grupo.

Competitividad como origen de conflictos

En el adolescente es muy común la competitividad, no solamente hacia los padres, como ya hemos visto, sino como una actitud propia de la etapa, que le provoca la necesidad de competir y de ganar en todos los sentidos: en los estudios, en los deportes, en popularidad. El hecho de sacar una calificación por una décima menor que el amigo puede ser motivo de una gran frustración, así como fallar un gol o no alcanzar un estatus. Siente una permanente exigencia por destacar y sobresalir, y esto genera rivalidad entre pares que puede desencadenar más conflictos internos para el joven.

Afirmación de miembros de un grupo como individuos autónomos

El grupo de pares del adolescente permite la afirmación de cada uno de los miembros como un individuo único y autónomo; uno de los elementos que más gestan la búsqueda de identidad proviene del grupo de pares. A partir del grupo se ve como un individuo que pertenece, y eso le confiere unicidad y soberanía.

Se percibe como una persona autónoma, lejos del vínculo paternal. Para identificarse, el adolescente requiere separarse de sus padres, y hasta pelear con ellos (aunque después se reconcilie); su grupo coadyuva de una forma importante en este proceso.

> *Los grupos de amigos son muy importantes para el desarrollo, identificación e individualización del adolescente. Cuando no logra pertenecer a ningún grupo y no crea vínculos estrechos de amistad por no tener la fuerza, personalidad, seguridad ni las habilidades sociales, se quedará solo y tendrá conflictos más profundos.*

Para muchos padres esto puede ser una cuestión contradictoria, algunas veces se sienten orgullosos y cómodos cuando su hijo es tranquilo, no sale y no tiene amigos que sean un riesgo de mala influencia, pero en realidad pertenecer a un grupo es una necesidad sana y natural de su desarrollo.

Un adolescente que no siente afinidad por ningún grupo de pares también carecerá de un medio adecuado para identificarse, para canalizar sus emociones, resolver sus conflictos, lograr su individualización y autonomía; será un chico solitario, introvertido, hermético, con dificultades para vincularse y, tal vez, con problemas de autoestima.

8. RESOLUCIÓN DEL PROCESO DE LA ADOLESCENCIA

En este capítulo vamos a tratar algunos temas que son fundamentales para que el adolescente resuelva su proceso y que los padres sepan cómo apoyarlo. Posiblemente, las crisis y los conflictos que debe enfrentar se conviertan en oportunidades que lo conduzcan a desarrollar su potencial y madurez.

Establecer un equilibrio entre sus posibilidades y sus limitaciones

La etapa de la adolescencia es contrastante en muchos sentidos. Los padres pueden orientar y apoyar a sus hijos para que encuentren un equilibrio entre sus posibilidades y limitaciones, fortalezas y debilidades, aciertos y fallas. Esto le permite colocarse dentro un esquema más maduro y ecuánime.

Existe una teoría que dice que la conformación de la personalidad no solamente se basa en resaltar la parte positiva del individuo ni tampoco en focalizarse en la parte negativa; en realidad, el sistema a través del cual el individuo se encuentra a sí mismo es justamente aceptando e integrando ambas partes. Este sistema es muy utilizado en terapia cuando la persona tiene problemas de identidad y no sabe cómo definirse; el terapeuta orienta al paciente a identificar su parte positiva y su parte negativa, las conforma y la persona comienza un proceso de aceptación.

Influencia favorable del entorno que le rodea

El adolescente es como una esponja que absorbe todo lo que percibe del entorno que lo rodea, recibe una influencia absoluta de su medio. El tipo de ambiente donde se desenvuelve resulta determinante en su desarrollo. Los padres son responsables de que el ambiente dentro de casa sea propicio para un adecuado desarrollo, y de cuidar que afuera exista una buena influencia para su hijo.

> Tuve en consulta a un joven de catorce años que vive en uno de los barrios más populares de la ciudad de México, famoso por su alto índice de delincuencia y prostitución. Sus padres tienen restaurantes, son gente trabajadora, su negocio ha tenido mucho éxito y han logrado prosperar. A pesar de que han querido darle una buena educación a su hijo y que han cuidado que el ambiente dentro de casa sea de armonía, respeto y apoyo, está muy influenciado por el entorno en el que se desenvuelve. Ya no quiere estudiar, sino ser boxeador (trae un corte de pelo estilo moicano; se viste con bermudas holgadas y botas tipo tenis). Los papás son bastante tradicionalistas. La influencia del ambiente del barrio no le favorece, al contrario, lo está perjudicando, y por eso los padres han tenido que considerar la posibilidad de mudarse a otra zona de la ciudad.

No quiero demeritar en ningún sentido las descripciones que se hacen con el anterior caso, sino utilizarlo para ejemplificar el conflicto que estos padres tenían con respecto a la influencia del entorno en el desarrollo de su hijo.

Por otra parte, también ocurre que el ambiente dentro de casa es poco favorecedor, hostil, agresivo e infructuoso, con padres muy rigurosos, críticos, autoritarios y represores; también puede tratarse de ambientes donde el alcohol, las drogas, la delincuencia u otras situaciones poco deseables rodean a los adolescentes.

> *La influencia del entrono es determinante. Un adecuado desarrollo del adolescente requiere de un ambiente favorecedor, tanto dentro como fuera del hogar.*

Objetividad en juicios

La mayoría de los padres tienden a engrandecer a su hijo: lo ven como el más maravilloso, guapo, inteligente, educado, respetuoso y todo un dechado de virtudes. Creen que es incapaz de tener un mal comportamiento y cualquier acción incorrecta que pudiera cometer les parece que es por causa de la influencia de sus amistades o del entorno, pero jamás es responsabilidad de su hijo. Y la mayoría de las veces resulta que en la realidad está muy lejos de estas cualidades.

Hay casos contrarios en que los padres ven al hijo como lo peor, como un verdadero monstruo, psicópata, cuando en realidad se trata de un adolescente completamente normal, que probablemente sólo está viviendo una situación complicada a causa de la edad.

Ni una ni otra situación es adecuada. Lo ideal es que los padres sean objetivos y que tengan la capacidad de ser realistas, independientemente de juicios personales, para que así sea posible darse cuenta de cómo es verdaderamente su hijo, tanto en sentido positivo como en negativo.

Han llegado a consulta padres que me hablan horrores de sus hijos. Y yo siempre les comento: "Ésa es su idea, ahora quiero platicar con su hijo para conocer su versión". Actualmente tengo en consulta a un joven de secundaria que en un momento dado intercambió fotos con su novia en las que aparecen desnudos. Por un descuido, estas fotos comenzaron a circular en su escuela, y tuvieron que llamar a los padres para hablar con ellos y alertarlos de la situación. La mamá del adolescente es muy moralista y tradicionalista, y armó tremendo escándalo. No es que sea correcto lo que hizo su hijo, pero este incidente ha ocasionado que ella esté viviendo un verdadero drama, como una agresión personal, se siente ofendida y avergonzada. Cree que su hijo es un pervertido, degenerado, violador y una amenaza pública, lo cual únicamente es producto de la percepción que ella tiene de la situación. No puede ver el problema de una manera más objetiva, y tomarlo como una irresponsabilidad que desafortuna-

damente es producto de una moda entre los jóvenes, el famoso sextingn. Ella también tenía terror de que por este incidente satanizaran a su hijo en la escuela, cuando quien en realidad lo estaba haciendo era ella misma.

Por otro lado, tengo el caso de un chico que me llevaron a consulta porque lo sorprendieron grafiteando, y sus padres creen que es por influencia de un grupo de amigos del que no tienen muy buen concepto. Cuando comenzamos la terapia, me confesó que él es el líder de una banda organizada que se dedica a asaltar en la vía pública y que roba autopartes. En realidad, hacer grafitis era el delito menos grave. En este caso, no es que este adolescente reciba mala influencia de sus amistades, ¡él es la mala influencia! Y hasta ese momento sus padres no tenían la menor idea de cómo es en realidad su hijo.

Es algo muy común que cegados por el amor, las preocupaciones, las angustias y la ansiedad, los padres pierdan objetividad en su forma de percibir a su hijo. Y aunque esto es natural, se debe hacer un esfuerzo para evitarlo.

> Algunos padres reconocen el tipo de hijo que tienen, y saben perfectamente cuáles son sus cualidades y sus defectos. Lo cual es muy sano para ambas partes, porque en caso necesario saben cuando es importante apoyarlo u orientarlo.

He sabido de muchos casos en que el director de la escuela manda llamar a los padres para hablarles de la mala conducta de su hijo, y su reacción es enfurecerse, creen que están acusando injustamente a su pobre muchachito, lo defienden y casi prefieren cambiarlo de escuela, antes que abrir la mente, escuchar, indagar y aceptar el comentario como una alerta que les permita corregir un comportamiento de manera oportuna.

Una recomendación para los padres es prestar atención a las advertencias que reciban de sus hijos. Esto no significa que necesariamente todo tenga que ser cierto, y también depende de la intención de la persona que haga el comentario, pero casi siempre hay algo de fondo, sobre todo cuando son observaciones claras y objetivas.

Prestar atención a sus necesidades y deseos

Lo que el adolescente necesita no siempre es lo que sus padres creen. Cuando se desconocen las verdaderas necesidades de un adolescente se pierde la vinculación y la brújula.

Por ejemplo, una jovencita que necesita sentirse reconocida por sus compañeras de la escuela, prestará una atención especial a su arreglo personal; su imagen será muy importante para cubrir esta necesidad. Lo peor que le podrían hacer sus padres sería sacarla un día con tantas prisas, que no le diera tiempo de peinarse. Esto la haría sentirse inmensamente frustrada y podría ser toda una tragedia. En cambio, si comprendieran que este comportamiento más que una frivolidad por parte de la chica, es una necesidad, podrían entenderla, apoyarla y quizá tener un poco de paciencia.

No quiero decir que los padres debemos estar todo el tiempo focalizados en las necesidades de nuestros hijos, pero sí entenderlas y comprenderlas. Esta situación puede estar polarizada en muchos padres.

En casa tuvimos una situación que se convirtió en un problema. Resulta que por una indicación de su mamá, mis hijos tenían la obligación de hacer la tarea en cuanto terminaran de comer, y aunque mi hijo Juan Sebastián siempre obedeció y fue muy cumplido con su responsabilidad, detestaba tener que hacer la tarea en ese momento, y era un pleito de todos los días. Cuando entendimos que el problema no era que no quisiera hacer la tarea, sino el momento en que debía hacerla, le pregunté: "¿A qué hora preferirías hacer tu tarea?". Y él me dijo: "A mí me gustaría hacerla a las ocho de la noche". No me pareció correcta su propuesta, y se lo hice saber, porque ya sería tarde, y si se tardaba un poco más haciendo la tarea, retrasaría su hora de bañarse, cenar e irse a la cama. Entonces me dijo: "Bueno, podría hacer la tarea entre las seis y las siete de la tarde". Esta propuesta me pareció más sensata, y así lo hicimos. Entonces, él podía descansar después de comer y luego dedicarse a lo que quisiera, pero sabía que después de las seis debía ponerse a hacer la tarea. Así nos evitamos pleitos y él disfrutaba más sus tardes.

> *No se trata sólo de imponer reglas a los hijos, sino también hay que entender sus necesidades. Identificar y respetar sus necesidades nos permite un mayor acercamiento y genera un ambiente conciliador.*

Comprender los sutiles procesos psicológicos del adolescente

Muchos padres olvidan que ellos también fueron adolescentes. Si tan sólo hicieran un ejercicio reflexivo que les permitiera ubicarse por un instante en esa etapa de su vida, comprenderían de mejor manera a su hijo y los procesos que está viviendo.

Hemos hecho hincapié en la importancia de conocer cuáles son los procesos psicológicos que vive el adolescente, con el propósito de facilitar el conocimiento de sus necesidades y de sus conductas.

Cuando se comprenden las causas fundamentales de su comportamiento, instantáneamente se deja de padecer. Si como padres tratamos de recordar que nosotros mismos vivimos un proceso muy similar en nuestra etapa de adolescencia, generamos un estado de empatía.

Reforzar la voluntad del adolescente de formarse y perfeccionarse

Las crisis y conflictos que vive el adolescente tienen un propósito muy significativo, que es otorgarle espacios de conciencia y de reflexión que le permitan crecer como persona.

Cuando un joven pierde el ánimo y la voluntad de mejorar y de crecer como persona, se vuelve terriblemente apático, desganado, nada le importa; incluso los intereses que antes lo motivaban dejan de ser importantes. Lo natural en esta etapa es que cuente con numerosas motivaciones externas o internas de querer ser mejor persona. Como el chico que ya quiere cumplir quince años para obtener su permiso para conducir; el que quiere sacar buenas calificaciones para que le den permisos para salir con sus amigos; la chica que cuida su alimentación y hace ejercicio porque quiere estar delgada y saludable; el joven que practica todos los días una actividad porque quiere perfeccionarla; el que ahorra de su gasto para comprar un aparato electrónico. Son formas de querer ser mejores, y es muy recomendable que los padres las refuercen.

Seguridad en sí mismo y su afán de valer

A nadie le gusta sentir que no es valioso. Cuando un adolescente vive crisis y conflictos internos que lo hacen sentirse inseguro y poco apreciado, de inmediato quiere dejar de experimentarlos y busca recursos para generarse seguridad.

Es frecuente que cuando están en terapia, los adolescentes me pregunten qué deben hacer para sentirse bien consigo mismos, para tener más seguridad, para no ser tan tímidos.

Tengo el caso de una adolescente que ella misma les pidió a sus padres que la llevaran a terapia, porque está preocupada por su aspecto. Nunca había sido una joven obesa, pero al entrar en la adolescencia ha subido mucho de peso, y esto la tiene muy afligida. Ella misma, en su afán de valer, busca ayuda.

Sentido de autoafirmación y autoeducación

El adolescente necesita pertenecer, sentir que tiene un lugar o un espacio, requiere afirmarse como ser humano, con sus ideas, convicciones, valores y gustos. Busca reafirmar permanentemente estas conductas en un sentido de autoeducación.

Procura lo que para él es importante. Quiere saber, aprender sobre lo que le es útil, sobre lo que le atañe (lo cual no necesariamente es lo mismo que a los padres), y hará grandes intentos por cultivarse, por informarse sobre los temas que le sean atractivos. Si un joven quiere empaparse de algo, lo hará a pesar de que sus padres no estén de acuerdo; de igual forma no querrá saber de algo, aunque pretendan que lo haga.

Desarrollar mecanismos autorreguladores

El desarrollo de mecanismos autorreguladores tiene una elevada implicación en la vida del adolescente y también en la del adulto.

Los niños carecen de mecanismos autorreguladores, por lo que requieren de control externo como guías, normas y reglas, así como de figuras de autoridad, y con base en ello poco a poco van formando sus propios mecanismos de autocontrol. Cuando no hay adecuados elementos de control externos durante la infancia, el adolescente difícilmente puede generar sus propios sistemas.

Estos mecanismos autorreguladores funcionan como un freno de mano, el cual se puede activar ante cualquier situación inconveniente o riesgosa, y sirve para parar o evitar la acción. Implican la internalización en el adolescente de reglas y normas de la moral y de valores, que le proporcionen un criterio suficiente para que no sea necesario que un adulto lo frene, sino que lo pueda hacer por sí mismo.

> Un adolescente, que ha desarrollado adecuadamente sus mecanismos de autorregulación, tendrá la capacidad de discernir lo que es conveniente para él. Como por ejemplo, la cantidad de alcohol que puede tomar, a qué hora debe llegar a su casa, evitar juntarse con malas influencias, rechazar presiones para tener relaciones sexuales; es un adolescente que sabe controlarse aun sin la presencia de sus padres y de ningún adulto.

Los mecanismos autorreguladores son excelentes indicadores de la proporción en que se debe ir soltando al adolescente. Los padres son responsables de cuidarlo para que aprenda a cuidarse solo, y en la medida en que el adolescente demuestre que puede hacerse responsable de su persona, se le puede ir soltando.

Cuando los padres se niegan a soltar a su hijo, también le están negando la oportunidad de aprender a cuidarse por sí mismo.

> *En mi caso, por ejemplo, para reforzar esta idea, cuando mis hijos van a salir, acostumbro decirles una frase que prácticamente es una orden: "Cuídate y diviértete". Las dos cosas por igual. La adolescencia es una etapa en la que los adolescentes buscan divertirse. La autorregulación no está peleada con esto.*

Adecuada y abierta comunicación

Por lo general, hay dos fallas principales en la comunicación: que sea poca o que sea mala, aunque también se pueden dar ambas formas al mismo tiempo. Muchos jóvenes me han llegado a decir: "Hablo muy poco con mis papás, y lo poco que hablo, acaban regañándome o terminamos en pleito". Esto es un ejemplo de poca y mala comunicación. Otros chicos me han dicho que efectivamente tienen mucha comunicación con sus padres, pero que nunca llegan a nada, no se sienten comprendidos ni respaldados. Esto es un caso de mucha comunicación, pero de mala calidad.

Una recomendación que acostumbro dar es que no esperen a que el adolescente dé el primer paso.

Es responsabilidad de los padres promover la comunicación con el hijo e ir abriendo canales que permitan que ésta fluya de mejor manera. Para los jóvenes no es sencillo acercarse a dialogar, tienen que hacer un gran esfuerzo para lograrlo, por lo que es conveniente facilitarles el camino.

Algunos jóvenes también me han comentado que no se sienten obligados a hablar con sus padres, porque ellos nunca lo hacen. Me han dicho: "¿Por qué tengo que contarle mis cosas, si cuando le pregunto algo no me contesta o me dice que es algo que no me importa?". Si el adolescente le pregunta a su papá que por qué razón se enojó con su mamá, le contesta que no es de su incumbencia. O si ve a su mamá llorando y le pregunta qué le pasa, le dice que no tiene nada.

> Si el adolescente se percata que sus padres no tienen una disposición y apertura para hablar sobre sus emociones y sus conflictos, difícilmente podrá hacerlo él mismo. Los padres no tienen la obligación de informar a sus hijos de todo, pero sí deben saber expresar sus emociones, pensamientos y fomentar la comunicación.

Saber escuchar

Un parte fundamental de la comunicación es saber escuchar; si no existe este elemento, simplemente no existe. ¿De qué sirve hablar si la contraparte no escucha? No tiene ningún sentido. Cuando un joven se percata de que no es escuchado, tiende a sentirse incomprendido.

Escuchar significa poner toda la atención en lo que el hijo está diciendo y asegurarse de que se está comprendiendo lo que quiere transmitir. No es posible escuchar de manera efectiva si mientras el hijo habla, el padre está leyendo el periódico o haciendo cualquier otra actividad. Para escuchar se requiere de una atención absoluta.

Considerar a la adolescencia como parte del proceso de maduración del ser humano

Cuando los padres logran percatarse de que todos los problemas y conflictos que presenta su hijo adolescente son parte del proceso a través del cual va a desarrollar su propia individualidad y su autonomía, y reconocen que es necesario pasar por momentos de crisis para que logre su madurez, resulta más sencillo vivir esta etapa.

Haciendo una comparación, es como cuando alguien está enfermo, y el momento en que peor se siente es un indicador de que la enfermedad ya está cediendo y que la persona comenzará su recuperación.

Plantear la crisis como una posibilidad de crecimiento

Toda crisis implica una oportunidad. Cuando los padres logran plantearse la crisis como una posibilidad de crecimiento para su hijo, así como para ellos mismos, evidentemente van a poder llevar a cabo las estrategias que los liberen de los conflictos de una manera más sana. Como bien dice el dicho popular: "No hay mal que por bien no venga ".

El proceso de la adolescencia no es fácil para nadie, menos para los padres; sin embargo, es el costo para que el hijo madure y se convierta en un adulto pleno. Y al final del camino se darán cuenta que valió la pena.

No tratar de evitar situaciones frustrantes

Muchos padres hacen esfuerzos desmedidos para evitar que sus hijos enfrenten problemas o situaciones difíciles. Sin embargo, deben saber que es muy sano que los jóvenes aprendan a resolver sus propios conflictos, y sólo podrán hacerlo si los afrontan.

En una ocasión escuché a una madre decir: "Es que yo no quisiera que mi hija tuviera que vivir la desilusión del primer amor". Y yo pensé: "¿Pero qué tiene esto de malo?". Cuando alguien se enamora por primera vez es tan joven, que ni siquiera ha podido distinguir lo que es valioso en una pareja, y si no se desilusionara de ese primer amor, sería peor tragedia. El noviazgo es una oportunidad para saber qué se quiere y qué no se quiere de una pareja.

El adolescente tendrá que ir madurando a través de enfrentar situaciones traumáticas o frustrantes como la primera vez que termina con un novio o novia, la primera vez que se le muere un familiar cercano, la primera vez que un amigo lo traiciona, la primera vez que no logra una meta anhelada, la primera vez que se enferma un ser querido. Son experiencias que tendrá que afrontar y aprender de ellas. Y, al final de cuentas, lo mejor es que le suceda antes que después. Si va a tener que vivir la desilusión del primer amor, mejor que sea a los trece años y no a los veinticinco.

Encontrar seguridad en lo rutinario

Es natural que el adolescente quiera llevar una vida llena de emociones y de diversión, que cambie de intereses continuamente, que un día quiera hacer una cosa y al siguiente día otra; pero bien sabemos que nada bueno resulta de ese estilo de vida.

Lo que mejor funciona al adolescente es la seguridad que le brindan las rutinas, porque sirven para encausarlo, le da estructura y estabilidad a su vida, que es justamente de lo que más carece en esa etapa de crisis y cambios. Con esto me refiero a que los padres establezcan rutinas enfocadas al cumplimiento de obligaciones, normas, orden, respeto, limpieza, horarios y a delimitar momentos para cada actividad.

La estabilidad da seguridad y equilibrio, asunto que no se logra con una vida llena de altibajos. Es importante enseñar al adolescente que la vida hay que transitarla procurando la estabilidad, aunque lógicamente habrá momentos de euforia o de depresiones; pero no serán una constante, habrá un punto medio.

Explicar la razón de cada norma y las consecuencias por no cumplirla

Explicar la razón por la que se aplica una norma no quiere decir que se deba convencer al adolescente de su conveniencia y menos negociarla o pedirle que por favor la acate. A lo que me refiero es que cuando los padres establezcan una norma, deben explicar a su hijo la razón por la que deciden que esa norma es necesaria y conveniente, así como las consecuencias en caso de que no se cumpla. Por ejemplo: "No puedes llegar después de medianoche porque en la madrugada hay más riesgos y peligros".

Tuve en consulta el caso de una adolescente de catorce años de edad, que estaba furiosa con sus padres porque no la dejaban regresar sola de la secundaria a su casa. Para esto requería tomar un camión en la esquina de la escuela que la dejaba a dos cuadras de su casa, a lo que ella no le encontraba ninguna complicación. Cuando estábamos en sesión, le pregunté si sabía la razón por la que no la dejaban regresarse sola, y ella me contestó que por autoritarios y controladores, porque no querían que se quedara en la escuela más tiempo y porque la querían tener en una burbuja. Yo le expliqué que ésa no era la razón, que se debía a que ella era una jovencita muy bonita y que en esta ciudad hay muchas bandas de secuestradores que justamente buscan jóvenes con su perfil, que sean guapas y con buen cuerpo, para prostituirlas; además, ella podría ser una presa fácil, pues estaría sola, siempre tomaría la misma ruta de camión y a la misma hora. Le dije que si no me creía, investigara en internet o en la Procuraduría General de Justicia la cantidad tan impresionante de adolescentes con su perfil que han desaparecido y que nunca han sido encontradas. Con esta explicación logró comprender que no era un capricho de sus padres que la cuidaran tanto y que había un peligro real por andar sola en la calle.

Por esto es importante explicar las razones de las normas, no para asustar al adolescente, sino para que entienda los riesgos por no cumplirlas.

Estimular la práctica de algún deporte o actividades extraescolares compartidas

Cuando el adolescente practica algún deporte o realiza actividades extraescolares, que de preferencia sean compartidas o en equipo, se refuerzan no sólo sus relaciones interpersonales, sino también la posibilidad de que focalice su energía hacia actividades productivas, sanas y creativas.

La vertiente positiva de la ociosidad es que brinda la oportunidad de ocuparse en la práctica de una afición. Pero cuando la ociosidad no desencadena en esta vertiente, se convierte en un riesgo para el adolescente, ya que lo puede llevar a dedicarse a actividades nocivas o poco convenientes.

Estimular la práctica de un deporte o actividad extraescolar le permite convivir en ambientes sanos, estructurados y controlados que, por lo mismo, son muy formativos.

Prevenir más que lamentar

Una de las principales responsabilidades de los padres es enseñarles a nuestros hijos a protegerse por sí mismos a través de sus propios medios. Esto requiere de una gran comunicación para que cuenten con la información necesaria que les permita hacer discernimientos favorables.

Muchos padres piensan que al dar información a su hijo y alertarlo sobre ciertos riesgos es una forma de permitirle explorar o darle autorización para que haga algo. Por ejemplo, creen que si le hablan de drogas, lo estarán induciendo a su consumo. Si le dan información sobre métodos anticonceptivos, enfermedades de transmisión sexual y riesgo de embarazo, lo estarán induciendo a tener relaciones sexuales.

Diversas investigaciones demuestran que la información no es un elemento generador ni expositor de condiciones para los adolescentes. De hecho, se sabe que mientras más información tengan los adolescentes, hay mayor capacidad de autocuidado. No es lo mismo que un joven diga: "Es que no sabía que me podía suceder", a que comente: "Lo hice incluso sabiendo el peligro que implicaba". Es menos probable que se corra un riesgo conociendo sus consecuencias. Cuando hay información, las cosas no suceden por accidente, sino de una manera premeditada y, desde luego, es un gran factor de protección que se piense antes de actuar.

> Muchos padres se percatan que algo no anda bien con sus hijos, y aun así evitan tener comunicación con ellos, lo que puede ocasionar dramáticos incidentes.

Por ejemplo, una madre que se da cuenta de que su hija adolescente está triste, no muestra la alegría que siempre la ha caracterizado, está cabizbaja, callada e irritable. En una ocasión intentó acercarse a ella para preguntarle qué le pasaba, pero la hija la rechazó drásticamente y la madre desistió de volver a intentarlo. Al poco tiempo, esta chica tuvo un intento de suicidio cortándose las venas. La mamá realmente se estaba dando cuenta de que había un problema, lo percibió, pero lo evadió por no darle importancia o por no saber cómo enfrentarlo. Esto es algo que lamentablemente ocurre con mucha frecuencia, que los padres no saben cómo acercarse a sus hijos, cómo ganarse su confianza ni cómo abordarlos.

Quiero aclarar que estar al pendiente de un hijo o una hija, y tratar de prevenir riesgos, no quiere decir que aprensivamente se le atosigue con preguntas y fiscalizaciones.

Reflexionar sobre las consecuencias de los actos

Este punto es fundamental, el adolescente confía en la libertad e impunidad de su edad y no mide las consecuencias que pueden tener sus actos. Cree que es lo suficientemente listo para que nada le pase y que podrá lidiar con cualquier eventualidad; además sabe que cuenta con la protección de mamá y de papá, y que si algo llegara a sucederle, ellos responderían por él.

He conocido casos de adolescentes que tienen un accidente automovilístico en el que hay daños a terceros o heridos, y con una actitud muy prepotente el joven les dice a las autoridades que su papá resolverá el problema. Pero resulta que el papá no puede hacer nada y se llevan al adolescente al ministerio público. Para sacarlo es necesario pagar una fianza y no se tiene el dinero suficiente, porque no es lo mismo pagar la pelota ponchada del amigo o el vidrio roto de la vecina. El adolescente pierde la capacidad de anticipar las consecuencias de sus actos.

> Pocas cosas son más desagradables para un adolescente que los padres hablándole de las posibles consecuencias de sus actos; sin embargo, es imprescindible hacerlo, es una manera preventiva de evitar riesgos.

No ser permisivo

Una de las más grandes disyuntivas que los padres enfrentan con su hijo adolescente es decidir hasta dónde es correcto permitir.

Es prácticamente imposible tener una fórmula que indique hasta dónde permitir o ser restrictivo. La línea que separa una cosa de la otra tiene que ver con factores asociados con la edad, la madurez, las experiencias del adolescente, así como el entorno en que se está desenvolviendo.

El sentido común juega un papel muy importante. Si, por ejemplo, el joven tiene un grupo de amigos con padres demasiado permisivos, se podría suponer que tendrían que soltarlo más; sin embargo, podría significar exactamente lo contrario, es decir, sería deseable que los padres de esos amigos fueran menos permisivos y más cautelosos con sus hijos. Pero como no es así, entonces sería necesario valorar la conveniencia de la vinculación del hijo con esas amistades.

Otro caso sería que los amigos de catorce años ya están tomando alcohol y uno o dos de ellos ya tienen coche. Probablemente no sea el momento de dejar libre al hijo, y si se le restringen esas amistades, con toda seguridad será un motivo de grandes confrontaciones. Será una decisión complicada, pero permitirlo sería poner en riesgo su vida. Entonces, el factor de riesgo es concluyente al momento de cuestionarse si es correcto ser permisivo en un asunto determinado.

Por otro lado, si a todo el grupo de amigos del hijo de catorce años lo dejan ir al centro comercial los sábados por la tarde, y los padres siguen aferrados en no darle permiso por un miedo basado en sus propias inseguridades, quizá estarán siendo muy restrictivos.

No ser permisivo no significa prohibir sin justificaciones.

Hablar sobre los riesgos que se corren

Quizá este tema está muy vinculado con los anteriores, pero más enfocado a hablar con los adolescentes de los riesgos específicos a los que están expuestos y de las formas de prevenirlos.

Por ejemplo, el tema del uso y abuso de sustancias tóxicas y adictivas. El adolescente debe saber que, generalmente, la primera droga que se consume es el tabaco, de ahí se pasa al alcohol, posteriormente a la marihuana, luego a la cocaína, el éxtasis y después a drogas más fuertes y peligrosas como los ácidos y otras.

Todo lo que se hable sobre prevención de riesgos debe estar sustentado con información. Un padre no debería prohibir a su hijo que fume sólo por un capricho, porque no tendría fuerza de convencimiento, pero si se le habla sobre los riesgos específicos del tabaco, con datos, estadísticas y casos reales, el joven tendrá elementos para decidir si corre el riesgo o mejor evita fumar.

Hay que evitar la falsa creencia de que al informar se está induciendo a algo. Muchos padres me han dicho: "¡Cómo le voy a hablar a mi hijo del uso del preservativo, sería como estarle dando permiso de que tenga relaciones sexuales!". Y yo les digo que independientemente de que el adolescente cuente con información al respecto o no, la probabilidad de que tenga relaciones sexuales igual existe, siendo necesario y deseable que si ha de suceder, mejor sea con información. Un factor que los padres deberían considerar es: por un lado les da miedo que si le dan información a su hijo o hija sienta que están aprobando o induciendo a que tenga relaciones; pero no se han cuestionado la cantidad de jóvenes que tienen relaciones y su promedio de edad, aun cuando nunca les dieron información.

> Las estadísticas hablan por sí solas: que no se les hable de sexualidad, métodos anticonceptivos y enfermedades de transmisión sexual no ha evitado que tengan relaciones sexuales con sus consecuentes riesgos.

Los padres tendrán que hablar con su hijo de los riesgos de tener relaciones sexuales y plantearle que lo ideal es que esto suceda a una edad propicia, cuando sea completamente responsable de sus actos, y que lo más conveniente es postergar ese momento lo más que se pueda, para que elija a la pareja adecuada y que esté vinculado con un acto de amor, de afecto, de entrega y de madurez de ambos.

Muchos adolescentes me han preguntado: "¿Cuál es la edad adecuada para tener relaciones?". Y mi respuesta siempre es la misma: "Cuando seas capaz de responsabilizarte de las consecuencias de esa relación sexual; que sepas cuidarte y cuidar a tu pareja, que si hay un embarazo estés preparado emocionalmente para tener un hijo y hacerte cargo económicamente de su manutención, que si adquieres una enfermedad de transmisión sexual tengas la posibilidad de ir con un doctor y pagar tus consultas y tratamiento, que si tus padres se enteran asumas la responsabilidad. Además, debes tener madurez para saber con quién vas a tener relaciones, de igual forma debe ser alguien que también asuma su responsabilidad".

Hay que hacerlos conscientes, prevenirlos de los riesgos y facilitarles información. No podemos pretender que vivimos en un mundo de fantasía. La realidad es que los adolescentes están expuestos a muchas situaciones que no podemos evadir ni negar.

Evitar educación negligente

Una educación negligente genera en el joven sentimientos de inseguridad. Me refiero a una educación basada en tabúes, carentes de sustentos, prejuiciosa, evasiva, con temas prohibidos.

> Una educación negligente es aquella en donde no hay comunicación, se restringe, se basa en un sistema autoritario, se ordena y no se escucha. Se da por hecho que el adolescente ya es una persona madura y que no corre ningún riesgo.

La peor negligencia que cometen muchos padres con su hijo adolescente es la falta de supervisión: dejarlo complemente libre, no tener un seguimiento de sus resultados en la escuela, no estar atentos de sus acciones, de sus amistades, de los lugares que frecuenta, de lo que piensa, qué tipo de actividades tiene en las redes sociales y con quién.

Acabo de recibir en consulta a los padres de una chica de doce años, a quien descubrieron que tenía dos cuentas de facebook. En una de ellas, de la que ellos tenían conocimiento, en su perfil tenía una fotografía de Hello Kitty y todos sus comentarios eran muy tiernos e inocentes. Pero en su otra cuenta, en su perfil tenía una foto suya con poca ropa y en una posición provocativa, escribía con groserías y vulgaridades, hablaba de sexo y de situaciones grotescas, y todo su grupo de amigos estaba en las mismas condiciones. Esto es el resultado de una falta absoluta de supervisión de los padres. ¿En dónde estaban mientras su hija estaba en la computadora? ¿Es posible que no hayan observado un cambio de conducta en la joven?

Comúnmente se deja a los hijos libres porque los padres bien saben que supervisarlos no es tarea fácil. De hecho, es uno de los factores que genera mayor confrontación con ellos, pero no hay otra opción. Necesitan de autoridad y control para un adecuado desarrollo.

¿Cuántos padres saben que el uso de facebook es únicamente para mayores de edad? Si un joven que es menor de edad desea tener una cuenta de facebook, requiere de la supervisión de un adulto. De otra manera, es un acto prácticamente ilegal. Sin embargo, hoy es complicado tratar de evitar que un adolescente menor de edad tenga actividad en las redes sociales. Una sugerencia para los padres es que mientras su hijo no tenga la mayoría de edad, puedan tener acceso a su página y a su contraseña; no se trata de intervenir ni de participar en su comunicación con su grupo de amigos, sino únicamente de supervisar lo que hace. Por ejemplo, se le puede decir lo siguiente: "Te propongo hacer un trato: te permito tener tu propia cuenta en la red social, pero yo debo tener acceso a ella. No voy a intervenir ni a escribir comentarios, pero sí necesito estar enterado de lo que tú haces". Si el hijo no acepta, entonces no se le autoriza que tenga una cuenta, y se comprueba que así sea. Los padres deben estar pendientes, si el adolescente está en la computadora, hacerse presentes, ver qué está haciendo, qué páginas abre. Que el hijo sepa que está siendo supervisado continuamente, mínimo para que modere lo que hace.

Otra negligencia de los padres es la falta de autoridad. Gran parte de esto se origina en el deseo de agradar a su hijo, porque les interesa que piense que es un buen padre o una buena madre, y para eso tienen que tolerar, permitir que les falten el respeto, que los engañen y, desde luego, procurar nunca regañarlo ni molestarlo. "¿Te corrieron de la escuela? No te preocupes, vamos a buscar otra mejor". "¿Te dieron un reporte? Se lo voy a ir a romper en sus narices a tu maestro". "¿No quieres ordenar ni limpiar tu habitación? Bueno, yo lo hago". Tienen una actitud de complacencia permanente.

Hemos revisado algunas recomendaciones que son altamente efectivas para que tanto el adolescente como sus padres transiten por esta etapa de la manera más favorable. Para resolver el proceso de la adolescencia es indispensable realizar acciones encaminadas a ello.

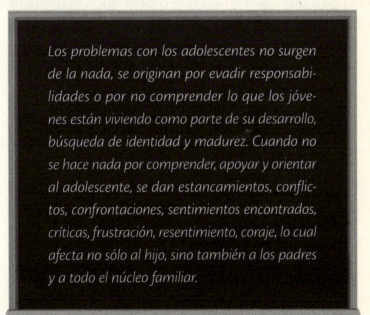

Los problemas con los adolescentes no surgen de la nada, se originan por evadir responsabilidades o por no comprender lo que los jóvenes están viviendo como parte de su desarrollo, búsqueda de identidad y madurez. Cuando no se hace nada por comprender, apoyar y orientar al adolescente, se dan estancamientos, conflictos, confrontaciones, sentimientos encontrados, críticas, frustración, resentimiento, coraje, lo cual afecta no sólo al hijo, sino también a los padres y a todo el núcleo familiar.

Cuando se entiende que la crisis que viven los adolescentes es un proceso normal de su desarrollo, se ahorran muchos conflictos y la relación padres-hijo es más sana.

Reitero que este libro no es sobre patologías de la adolescencia y todo lo que de eso pueda derivarse, sino de problemas y conflictos de esta etapa considerados dentro de rangos comunes y normales. Puede existir el caso de padres que busquen en este libro soluciones para problemas más graves con su hijo, como drogadicción, alcoholismo, deserción escolar, embarazos no deseados, aborto, pandillerismo, robo, trastornos alimenticios, entre otros. Es claro que aun en estos casos, comprender al adolescente como se plantea en este libro será un punto determinante en el abordaje que se haga del problema. No obstante, si los padres observan conductas que están siendo anormales en su hijo o que rayan en lo grave o patológico, es fundamental buscar ayuda profesional de un especialista.

9. PRINCIPALES PROBLEMAS SOCIALES CON LOS ADOLESCENTES

En este capítulo vamos a revisar cuáles son los principales problemas sociales a los que comúnmente se enfrenta un adolescente en la actualidad. Es importante aclarar que estos problemas no son los únicos a los que está expuesto.

Cada una de las dificultades tiene sus propias dimensiones. Por ejemplo, en el caso de la deserción escolar, no es la misma gravedad un adolescente de catorce años que pretende dejar la escuela, que un joven de dieciocho años que desde hace cuatro años ya no estudia. Tampoco se puede comparar a un joven que fuma marihuana una vez al mes, que el que inhala cocaína dos o tres veces por semana. Cada problema tiene su propio enfoque, sus particularidades y sus antecedentes.

Aquí trataremos de englobar una problemática para presentarla de manera general, así como algunas propuestas de solución.

Deserción escolar

La deserción escolar se refiere a los alumnos que abandonan las actividades escolares de algún grado o nivel educativo antes de concluirlo.

En México, la edad promedio en que los adolescentes dejan la escuela es de dieciséis años, en una etapa en la que apenas han completado la educación básica. Las principales causas de deserción son: preferir trabajar que estudiar, la escuela no cubre las expectativas o porque los padres no quieren que siga estudiando por las condiciones económicas de la familia; aunque también hay otras razones de deserción escolar como rebeldía, oposición, mal comportamiento y expulsión.

La deserción escolar es un fenómeno que ha ido creciendo en los últimos años. Además de las causas que hemos mencionado, es claro observar que un factor muy importante es el principio del menor esfuerzo. Este principio es más notorio cuando se está acostumbrado a no esmerarse ni luchar, lo cual se ha vuelto una actitud muy común entre los adolescentes de hoy.

Es evidente que cada grado escolar incrementa en dificultad. Entonces, cuando el adolescente sube de nivel, aumentan las exigencias, porque no es lo mismo sumar palitos, que llevar álgebra y cálculo integral. En secundaria ya no sólo tiene un maestro, sino diez o más, y en la preparatoria tiene hasta quince, y cada uno cree que su materia es la más importante, todos exigen, todos dejan tarea, llevan un cuaderno de apuntes por cada materia y es necesario estudiar para los exámenes. Además, hay que levantarse temprano, llevar el uniforme limpio, hacer los honores a la bandera, lidiar con los maestros. Todo esto implica mucha energía para los chicos que no están habituados a esmerarse y que se rigen por el principio del menor esfuerzo, y ahí es cuando normalmente tienden a desertar.

Conflicto con la autoridad

El conflicto con la autoridad es originado por la confrontación y la rebeldía natural del adolescente. Así, toda persona que ocupe una posición de autoridad la ve como una imposición y será motivo suficiente para retarla, contradecirla y confrontarla.

Las principales figuras de autoridad para un adolescente son sus padres, y cuando a ellos no se les respeta, menos lo hará con figuras de autoridad inferior, como sus maestros. Cuando un adolescente tiene problemas en la escuela, si se profundiza un poco en su conflicto, es fácil detectar que en realidad su problema de autoridad comienza con sus padres.

El respeto por la autoridad se debe aprender en casa. Cuando ahí no existe, difícilmente puede darse en otro ámbito, y el resultado será una actitud de permanente intransigencia. La autoridad se gana, e independientemente del recurso que se utilice para esto, será necesario que se asuma y que se ejerza por parte de los padres.

Alcoholismo

En los últimos años, el alcoholismo ha ganado terreno entre los adolescentes. En México, los jóvenes empiezan la ingesta de bebidas alcohólicas a los doce años. El alto consumo de alcohol en adolescentes tiene tres causas principales. La primera por un factor social que tiene que ver con la imitación y por deseo de pertenencia, porque todos los amigos hacen lo mismo, y hasta en un plan de competencia, de ver quién toma más.

La segunda causa es un asunto de permisividad y de laxitud por parte de los padres, que sin ningún problema dejan a sus hijos tomar. No es extraño escuchar al padre decir: "Yo le doy de tomar a mi hijo para que aprenda y porque prefiero que tome conmigo". Pero resulta que el chico tiene trece años. Otra forma de permisividad y fomento al consumo de alcohol son las fiestas de quinceaños, en las que se ofrece a los adolescentes bebidas alcohólicas abiertamente; cuando es sabido que por ley está prohibido dar de beber a menores de edad. Frecuentemente son los mismos padres quienes inculcan el consumo de alcohol en sus hijos.

La tercera causa está relacionada con la cultura de la inmediatez. Los adolescentes quieren que las cosas se den de manera prácticamente instantánea, por lo que no se detienen a medir las consecuencias ni la gravedad de la situación, y experimentan sensaciones de embriaguez, desenfreno, de sentirse mayores y de intentar diluir sus problemas con el alcohol.

El abuso y dependencia de las chicas en edades de entre doce a diecisiete años es prácticamente el mismo que en los varones de la misma edad. Y son más las mujeres adolescentes que cumplen con el criterio de abuso de consumo de alcohol que las adultas, lo que sugiere que es un fenómeno reciente el que las mujeres estén acostumbrando tomar altas cantidades de alcohol. Antes no era bien visto que las chicas tuvieran este hábito, pero parece que ahora es una moda que en mucho se debe a la necesidad de satisfacer el deseo de pertenencia.

> *El consumo de alcohol abre otras ventanas de riesgo: más de 30% de los menores de quince años que acostumbran beber alcohol no toman precauciones al sostener relaciones sexuales; el abuso de la bebida los lleva a una mayor frecuencia de sexo, menor uso de preservativo y a tener mayor número de parejas. Esto sin mencionar el riesgo de accidentes automovilísticos.*

Drogadicción

En el caso de la drogadicción, ocurre exactamente lo mismo que con el alcoholismo, aunque el consumo de drogas evidentemente es visto y vivido como un problema más serio. Sin embargo, tenemos que entender que el alcohol está considerado como una droga, con la diferencia de que es legal y socialmente aceptada.

El consumo de drogas en la adolescencia generalmente se da por las mismas circunstancias que el consumo de alcohol, y es gradual. La mayoría de los adolescentes comienza consumiendo drogas livianas, como tabaco y alcohol, y va escalando a drogas más pesadas, cómo marihuana, LSD, barbitúricos y anfetaminas, como el éxtasis, hasta drogas muy pesadas, como cocaína, morfina, heroína y *crack*.

El consumo de drogas como la marihuana y las anfetaminas se inicia con más frecuencia durante la adolescencia, y su ingesta es cada vez más común.

Muchos adolescentes recurren al consumo de drogas en un afán por evadirse de la realidad, olvidarse de sus conflictos, satisfacer sus instintos, así como por buscar emociones fuertes e inmediatas. Buscan y propician actividades que les parezcan divertidas, que los hagan vivir con intensidad y, por supuesto, les parece que la droga cumple estos requisitos. Por ejemplo, el éxtasis es muy popular porque hace entrar en un estado de euforia inmediata a quien lo consume.

La droga, al igual que otras actividades que generen adrenalina, como robar, jugar arrancones, faltar a la escuela, salir sin pedir permiso, sacan a los chicos del letargo en el que comúnmente viven.

Por lo general, el acceso a la droga y la habituación en su uso implican problemas emocionales graves. El adolescente que consume droga tiene una mayor afectación psicológica que cualquier otro de los problemas sociales que estamos revisando en este capítulo. Implica severos daños, porque no sólo es físico, emocional y mental, sino que tiene un alcance a un nivel familiar y social. El consumo de drogas es un problema mayor.

El adolescente tiene más probabilidad de usar drogas cuando ha sido expuesto a la oportunidad de consumirla y de progresar hacia la dependencia adictiva.

El factor que más influye en un adolescente para usar droga es tener amistades que la consuman; el ambiente en donde se desenvuelve es el mayor

> riesgo. Es por esto que los esfuerzos preventivos deben orientarse a reducir la probabilidad de que estén expuestos al uso de drogas.

Trastornos alimenticios

Los trastornos alimenticios básicamente son tres: anorexia, bulimia y obesidad; y probablemente un cuarto que va asociado, la vigorexia.

La anorexia se origina cuando el individuo comienza a tener un problema de distorsión corporal, y cree que su imagen no corresponde con su ideal. Se siente obeso, entonces empieza a restringir severamente la ingesta de alimentos hasta que prácticamente deja de comer. Hay una preocupación constante por el aspecto físico y el peso corporal.

Otro trastorno alimenticio es la bulimia, que presenta mecanismos muy similares a la anorexia: la persona cree que tiene problemas de peso y se vuelve una preocupación obsesiva; a diferencia de la anorexia, en donde hay una falta de ingesta de alimentos, la bulimia se caracteriza por comer en grandes cantidades y después provocar el vómito. La bulimia ocasiona además severos daños en todo el aparato digestivo, como quemaduras en el esófago por la acidez de los jugos gástricos que salen acompañados del alimento con el vómito, se deteriora el tórax, la garganta, la lengua y los dientes.

Ambos padecimientos también se asocian con el empleo excesivo de laxantes y diuréticos.

Estos trastornos son multifactoriales y se deben abordar y corregir de manera integral y conjunta con un grupo de especialistas como médicos, psicólogos, nutriólogos y psiquiatras; deben ser tratados desde diferentes ángulos. Es prácticamente imposible que alguien pueda sanar sin ayuda, porque hay toda una transformación en la psique de la persona.

La anorexia y la bulimia las sufren en mayor proporción las mujeres (90%), aunque también hay varones que pueden llegar a presentarlas (10%). Es importante saber que las jóvenes que padecen estas enfermedades practican una infinidad de trucos a través de los cuales tratan de encubrir su trastorno, generalmente esconden o tiran la comida, se levantan de la mesa frecuentemente para ir al baño, fingen que comen pero en realidad no lo hacen, tardan mucho tiempo en terminar de comer, pican mucho los alimentos y juegan con ellos en el plato, engañan diciendo que están a dieta o que quieren estar saludables. Estas jóvenes no sólo tratan de ocultar su padecimiento, sino que también lo niegan y es muy difícil que puedan aceptarlo; argumentarán que lo tienen controlado, que no tienen ningún problema, y lo peor es que en verdad lo creen.

Uno de los indicadores del avanzado daño por estos hábitos es un desequilibrio en la menstruación, ya que las chicas dejan de reglar hasta por meses.

La vigorexia, aunque no precisamente es un trastorno alimenticio, se asocia con ellos porque también se relaciona con la preocupación por el peso corporal, por los alimentos y por las dietas. Se caracteriza por la presencia de una preocupación obsesiva por el físico y una distorsión de la imagen corporal que lleva a sentir la necesidad de realizar ejercicio físico para mejorar el aspecto corporal, haciéndolo de forma compulsiva.

> *En su afán de quemar calorías y bajar de peso, las personas que padecen vigorexia pasan horas haciendo ejercicio físico. Hay jóvenes que no tienen facilidad para ir a un gimnasio, y lo que hacen es salir a la calle o a un parque a correr, o en su habitación brincan para subir y bajar de la cama repetidamente, y lo hacen por horas. Hay personas que ya no duermen para aprovechar el tiempo de sueño en hacer ejercicio.*

Estos trastornos cada vez se presentan a edades más tempranas: hay registros de niñas de ocho años con anorexia, bulimia y hasta vigorexia. Son perturbaciones psíquicas que, como decíamos, precisan de una atención adecuada de varios especialistas, y en ocasiones hasta es necesario internarlas en clínicas especializadas. Estamos hablando de enfermedades que literalmente son progresivas y mortales; también son mentales y tienen un trasfondo de autoagresión y de automutilación, que pueden acabar en la muerte.

Algunos estudios registran que los trastornos alimenticios tienen su origen en conflictos con la figura materna: madres que son dominantes, castrantes, controladoras, exigentes y perfeccionistas. En los tratamientos de estas enfermedades siempre se explora el tipo de relación que el paciente tiene con la madre, porque definitivamente juega un papel primordial. A veces son causa de una figura negadora, que dice y cree que todo está bien y que nunca pasa nada o en familias que guardan secretos.

Tengo una paciente que estuvo ocho años con anorexia, comenzó cuando tenía dieciocho años. Hace diez años superó ese trastorno, y todavía ahora sigue viviendo con las consecuencias de la enfermedad: perdió la posibilidad de ser madre por los daños ginecológicos, todos los días de su vida sufre por la comida, le dio vigorexia, ha estado en terapia por años y toma antidepresivos.

También tuve el caso de dos hermanas que padecen vigorexia. Ellas iban tres veces al día al gimnasio y hacían un promedio de dos o tres horas por cada ocasión, lo que sumaba seis o siete horas diarias de estar en el gimnasio haciendo ejercicio cardiovascular para quemar grasa. Su caso es muy triste, ambas están extremadamente flacas y demacradas, al filo de la muerte, y aun así, cada una me decía: "No me importa mi salud, no voy a parar, yo me sigo viendo gorda y necesito adelgazar a como dé lugar".

Otro trastorno es la obesidad. También es un problema actual y es lo opuesto a los padecimientos anteriores. En este caso, la persona come sin parar por ansiedad, y la mayoría de las veces se origina en un intento por cubrir aspectos de los que carece, como afectos, compañía, apoyo, vínculos, pareja, el padre o la madre, y con la comida tratan de llenar estos huecos.

Pertenencia a grupos de riesgo

Todos los grupos tienen un propósito común que los une e identifica. Es frecuente que el adolescente tienda a formar grupos, algunos de ellos con fines muy notables y admirables; en su mayoría son grupos desafortunados cuya finalidad es el narcotráfico, el robo, pintar grafitis en la vía pública, consumir drogas y alcohol, daño a propiedad pública o privada, violencia, maltrato. Se convierten en grupos de riesgo no sólo porque puedan agredir o dañar a otros adolescentes, sino porque nuestros adolescentes quieren pertenecer a ellos.

Estos grupos de riesgo existen en todos los niveles sociales, dentro y fuera de las escuelas. No es posible pensar que son exclusivos de clases bajas o de barrios, y olvidarse del peligro que implica pertenecer a uno de estos grupos.

El mayor riesgo que corre el adolescente consiste en que en su búsqueda de satisfacer su necesidad de pertenecer, fácilmente puede ceder a las influencias de este tipo de grupos y comenzar a realizar el mismo tipo de acciones que identifican al grupo. En la medida en que se vincule con personas indeseables, su misma inmadurez y su deseo de ser aceptado lo puede llevar a ser presa fácil de grupos delictivos. Asimismo, la tendencia a obtener todo de manera sencilla, sin esforzarse, hace de las actividades ilícitas un gran atractivo.

La educación sustentada en valores y el cómo transmitirle al adolescente la importancia del esfuerzo, son factores de protección para este tipo de influencias.

Bullying

La palabra *bullying* se refiere al acoso u hostigamiento escolar que implique cualquier forma de maltrato psicológico, verbal o físico producido entre escolares de forma reiterada.

El *bullying* es una tendencia de ciertos niños y adolescentes a molestar y agredir a sus compañeros o a alguno en particular. En esta dinámica participan tres tipos de actores: el acosador, la víctima y los observadores.

El acosador es quien practica el maltrato, el que agrede, somete, hostiga y amenaza. Generalmente lo hace en un afán de satisfacer una necesidad imperiosa de dominar, de obtener el reconocimiento y la atención de los demás.

La víctima es la persona en quien recae el maltrato, puede ser cualquier niño o niña que queda expuesto física y emocionalmente ante el acosador.

Los observadores juegan un papel importante en el *bullying*. Hacen alianzas con el acosador, lo aplauden y promueven su conducta, y esto se debe a dos causas principales: primero, porque de esa manera evitan convertirse en víctimas y, segundo, por su deseo de pertenecer a los grupos populares.

Básicamente existen tres modalidades de acoso: el físico, que es cualquier agresión corporal, como golpes, patadas, pellizcos, cachetadas, empujones o quemaduras. El acoso psicológico, como poner apodos, humillar, descalificar, minimizar, amenazar e infundir miedo. Y el tercer tipo de acoso es el cibernético, en el cual, a través de las redes sociales se hacen campañas de desprestigio, ya sea real o inventada, con el propósito de hostigar y burlarse con información o fotografías que humillan a la víctima.

En algunos casos, la crueldad del maltrato y los efectos que ocasiona puede generar en la víctima pensamientos de suicidio y, en algunos casos, llevarlo a cabo. Dan Olweus, quien fue el investigador que comenzó a trabajar con el fenómeno *bullying* alrededor de los años setenta, lo identificó y lo clasificó justamente a partir del suicidio de dos alumnos que antes de morir dejaron una nota explicando la razón por la que habían tomado esa decisión, lo cual generó una gran conmoción en los padres de familia y en las autoridades educativas. A partir de este acontecimiento se comenzó a investigar el fenómeno, se encontró la estructura de su funcionamiento y se han hecho muchos estudios y programas para combatirlo.

Yo he tenido casos de estudiantes que por consecuencia del bullying los han tenido que cambiar de escuela varias veces, y no sólo eso, hasta de ciudad y de estado, lo cual es muy lamentable.

El fenómeno *bullying* se ha extendido tanto que se ha llegado a convertir en una moda. Antes, la figura del acosador era el chico, peleonero, rebelde, vándalo, generalmente de complexión grande y fuerte, con actitud grosera y retadora, que inspiraba miedo. Hoy el acosador, el que practica *bullying*, es el adolescente popular, que precisamente logra su fama por sus acciones como acosador, lo que le confiere mayor jerarquía social, y así se convierte en líder.

Lo que sucede es que los seguidores quieren pertenecer al grupo del líder, porque esto les da estatus y además evitan ser del grupo de las víctimas, y así se convierten en otro acosador o en observador, que en ambos casos es una forma de hacer crecer y de apoyar este fenómeno.

Es todo un sistema y, lo que me parece más desafortunado es que muchos padres lo promueven. Por ejemplo, en una ocasión escuché a un papá decir: "Mi hijo es de los populares de la escuela y, claro, fastidia a todos los demás, pero es preferible eso a que lo frieguen a él". Conocí un caso cercano de una jovencita que hacía bullying, y a todos les parecía muy graciosa, incluidos sus padres y familiares, cuando se burlaba, acosaba y agredía a los demás, y como era una chica muy vivaz y ocurrente, ponía apodos, fastidiaba, descalificaba a todos los que no eran como ella y tenía una gran cantidad de amigas que la seguían y que le aplaudían todo lo que hacía o decía. Parecía que nadie se daba cuenta de lo terrible de este comportamiento.

Afortunadamente, en México las autoridades han tomado medidas para solucionar el problema del *bullying*, y están trabajando

para llevar un registro estadístico de este fenómeno: se pretende identificar a los acosadores y tener una ficha con sus datos y antecedentes para que la Secretaría de Educación Pública pueda ejercer sanciones tanto a los acosadores como a sus padres.

El fenómeno *bullying* es delicado porque tiene importantes repercusiones. En un congreso al que asistí para discutir este tema, se llegó a algunas conclusiones que me parecen fundamentales. Entre ellas, se pensó que una forma de contrarrestar el *bullying* es responsabilizando a los padres de los adolescentes que lo practican, obligándolos a atender y a resolver el problema de conducta de su hijo; porque su comportamiento es resultado de la educación que recibe en casa y tiene mucho que ver con la permisividad, de la que tanto hemos hablado en este libro.

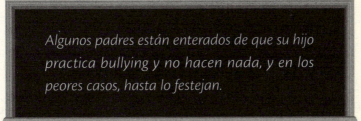

Algunos padres están enterados de que su hijo practica bullying y no hacen nada, y en los peores casos, hasta lo festejan.

De igual manera, las autoridades escolares deben poner más atención en este fenómeno, es sabido que se dan casos en que los maestros ignoran o hasta solapan este tipo de maltrato. Sería muy conveniente que cada escuela designara a una persona para atender este problema, que tuviera conocimiento de cómo se presenta, cómo se trata, cómo se aborda, cuáles son las repercusiones y, sobre todo, saber cómo evitarlo y remediarlo.

Al igual que en el caso de la anorexia y la bulimia, el *bullying* es un problema que difícilmente se puede resolver sin ayuda profesional. El origen de la conducta del acosador generalmente se encuentra en familias disfuncionales, donde hay maltrato o serios conflictos. Son jóvenes a los que se les ha descalificado, agredido y minimizado, y de alguna forma compensan la inseguridad, baja autoestima e impotencia que esto les ocasiona volcándose contra los que consideran más débiles.

Cibersexo y sexting

Dados los avances tecnológicos, actualmente han aparecido nuevas formas de expresión y de juegos sexuales entre los adolescentes, y una de ellas es el cibersexo. Esta práctica consiste en una forma de sexo virtual en la cual dos o más personas conectadas a través de internet se mandan mensajes sexualmente explícitos, en donde además hay estimulación visual. También va muy ligado con la pornografía como tal, ya sean páginas que requieran de un pago con tarjeta de crédito o que sean gratuitas, de las cuales hay una enorme cantidad.

El cibersexo no sólo se practica a través de los portales que son especializados, sino que también se da entre los adolescentes, por medio de programas de mensajería instantánea (como *Messenger*), y aquellos que incluyen voz y video, (como *Skype*), que permiten a la distancia interactuar sexualmente con otra persona.

El riesgo de esta práctica es que se tiene muy poco control. Los padres pueden pensar que el hijo o la hija está en la computadora haciendo la tarea, cuando probablemente está teniendo una interacción erótica con el novio o la novia, que casi siempre lleva implicada la masturbación. Desafortunadamente son prácticas que se ponen de moda y que comienzan a verse con mucha naturalidad entre los jóvenes.

Otra práctica muy común entre adolescentes es el *sexting* (palabra que se forma por la contracción de las palabras en inglés *sex* y *texting*), que se refiere al envío de mensajes eróticos y fotografías a través de los teléfonos celulares. Comienzan con fotografías en las cuales usan poca ropa o en posiciones provocativas, y acaban enviándose imágenes en donde aparecen desnudos. Esta situación es delicada, probablemente sea una práctica que acostumbren las parejas de novios; no obstante, unos adolescentes de catorce años no van a tener una relación por más de dos meses, por decir algo, y cuando se separan él se queda con fotografías comprometedoras de la novia (y viceversa), y en su inmadurez se las muestran a todos los amigos, y hasta se las envían unos a otros. Es muy lamentable, terminan intercambiando fotos de chicas desnudas como si fueran estampas de un álbum.

> *Puedo asegurar que hoy en día el* sexting *es un problema mayor entre adolescentes. En tan sólo ocho meses he atendido siete casos sobre este tema, aunque en diferentes niveles. Por ejemplo, una chica que le mandó a su novio una foto en la que aparece sin ropa. Pero cuando terminaron, él quedó muy molesto y se encargó de mostrar la fotografía a cuanta persona pudo. Era tal el acoso, la presión y la vergüenza que ella sentía por esta situación, que sus papás no sólo la tuvieron que cambiar de escuela, sino también de ciudad.*

En otro caso relacionado con este tema, los papás de una chica que intercambió con el novio fotografías de desnudos, pretendían demandarlo a él y hasta a sus padres por pornografía y pedofilia, porque había hecho pública la foto de la joven subiéndola a internet. Pero en este caso, los padres del joven también podrían haber demandado a la niña, ya que ella también había publicado la foto de él en la red. Finalmente no se tomaron medidas legales, pero el problema se extralimitó.

Es una moda desafortunada, poco deseable, cada vez más común entre los adolescentes, y me parece que es un tema que los padres no están atendiendo: el problema los está sobrepasando.

Mi recomendación es que los padres ventilen el tema con sus hijos. Recordemos que los adolescentes no miden las consecuencias de sus actos y no piensan en las implicaciones que esta costumbre puede tener. Es importante decirles que deben tener cuidado de no caer en estas prácticas, que hagan conciencia que probablemente en un momento dado se sientan muy enamorados y quieran vivir este tipo de experiencias con el novio o la novia, pero que son relaciones que tienden a durar muy poco tiempo, y van a correr el riesgo de que las imágenes acaben en manos de mucha gente, incluso en redes dedicadas a la pedofilia o la prostitución. Es muy aconsejable resaltar la importancia del pudor, un valor muy importante en los adolescentes.

Acceso a información distorsionada

Otro problema social importante es el acceso a información distorsionada. Hoy en día, los adolescentes tienen una enorme cantidad de información disponible, sobre todo a través de internet, pero no siempre es información veraz. Dependiendo del uso que se le dé a este tipo de información, se puede convertir en un riesgo muy serio.

Por ejemplo, existe una página en internet llamada *Ana y Mía*, que es una de las páginas más conocidas sobre anorexia y bulimia. *Ana*, se refiere a anorexia y *Mía* a bulimia, y promueven la idea de que son el camino a la perfección. Las seguidoras de esta página, en su mayoría chicas de entre once y quince años, pueden encontrar todo tipo de consejos para practicar la anorexia y la bulimia, llevan un registro de la pérdida de peso, se apoyan y aconsejan entre ellas, y comparte mensajes como: "Quiero sentir mis huesos", "Los huesos son hermosos", "Baja de peso y conviértete en una princesa", "Estar vacía es pureza", "Sé joven, diviértete, prueba a Ana", "Ser delgada demuestra control". Toda la información está distorsionada, pues va enfocada a convencer a sus seguidoras de que sólo la delgadez extrema es bella, comparten recomendaciones, fotografías, música y testimonios tendenciosos y muy peligrosos. En esta página hacen creer a sus seguidoras que es un derecho individual que cada persona haga con su cuerpo lo que quiera, y que nadie ni los padres ni los amigos ni las autoridades tiene ningún derecho a entrometerse. Es toda una estructura de mala influencia.

Otro tipo de información distorsionada son las que promueven las tribus urbanas. Por ejemplo, los *emos*, que en un tiempo estuvieron de moda. Es un grupo que tiene como principio la idea de que a este mundo se viene a sufrir, que la vida no vale, que hay que darle sentido al sufrimiento. Entonces, si un chico se siente devaluado, deprimido, apático, no le agrada su aspecto, cree que la vida no tiene sentido, se siente solo, triste, y de pronto se encuentra con un grupo que piensa y siente igual que él, de inmediato se identifica y desea pertenecer, y adopta su cultura.

Hay otros grupos de este tipo, con sus propias creencias y formas de vida, unos con peor influencia que otros. Los *skatos*, por ejemplo, se identifican por estar todo el día en la patineta; los *darketos* veneran a lo fúnebre.

De igual manera, hay páginas de internet especiales para estos grupos, que promueven ciertas creencias, estilos de vida, comportamientos, rituales, etcétera con información tendenciosa y distorsionada que son una pésima influencia para los adolescentes.

Otro ejemplo de información distorsionada es la pornografía. En una ocasión recibí a un paciente de treinta y dos años, cuyo problema central era la impotencia sexual. Tenía serias dificultades para tener relaciones sexuales con su esposa. Al paso del tiempo, descubrimos que su problema radicaba en que cuando era más joven acostumbraba ver pornografía. El creía que lo normal era tener el pene enorme, tal como veía en esas películas, y esto lo llevó a concluir que el tamaño de su pene era diminuto. Esta creencia le ocasionó sentimientos de vergüenza, creía que no era lo suficientemente hombre y temía que se pudieran burlar de él. Tuvo que pasar mucho tiempo para que se diera cuenta de que el tamaño de su pene no era un problema.

Jerarquización inadecuada de intereses

Es común que los adultos se quejen de que el adolescente no tiene valores, principios, intereses ni ganas de hacer nada, y en realidad esto no es totalmente cierto. Lo que sucede es que el joven tiene una escala de jerarquías muy diferente.

Los adultos quisiéramos que a los adolescentes les interesara la escuela, la familia, el orden, la responsabilidad, el compromiso, la cooperación; y lo que los motiva es la amistad, la diversión, las emociones intensas, la justicia, la equidad. Tienen otro tipo de valores y lo que hacen es jerarquizar de manera distinta en función de sus intereses, no en función de lo que se espera de ellos. Es evidente que esta situación nos lleva a una permanente confrontación con ellos, desencadenando que los jóvenes huyan de sus casas a buscar relacionarse con quien los entienda, con quien se identifiquen y de ahí es donde comienzan a surgir una serie de problemas sociales que afecta a todos.

10. SITUACIONES DE ALERTA CON LOS ADOLESCENTES

En este capítulo se desarrollan algunos temas que no necesariamente se consideran como problemas o situaciones conflictivas, pero que es fundamental tener especial atención en ellos, pues si no se orienta de manera adecuada a los adolescentes, pueden convertirse en situaciones lamentables. Estos temas no son exclusivos de la adolescencia, pero sí suelen emerger en esta etapa.

Homosexualidad

La homosexualidad es una preferencia sexual que se describe como la relación afectiva, sexual y emocional hacia individuos del mismo sexo. Se abre este apartado para explicar la homosexualidad en la adolescencia, ya que es el momento en que generalmente se comienza a manifestar esta condición.

Como ya lo hemos venido diciendo, la adolescencia es una etapa de cambios, de búsqueda, de impulsos, de experimentar nuevas sensaciones, y por esto es probable que algunos jóvenes tengan prácticas homosexuales; sin embargo, este hecho no define de manera permanente su orientación sexual.

Hay dos teorías importantes que explican la homosexualidad, aunque son posturas que se contraponen. La primera teoría es la psicodinámica, la cual explica que es una condición que se va dando a través de una serie de factores que van gestando esta orientación sexual. El homosexual se hace homosexual. La otra teoría es biológica, y dicta que el individuo nace con la condición de homosexual, incluso se habla de un gen de la homosexualidad. La realidad es que hoy no están comprobadas al cien por ciento ninguna de las dos teorías, así que sigue siendo una incógnita si el homosexual nace o se hace.

En lo personal, creo que cuando una persona es homosexual hay una simultaneidad de las dos teorías: por un lado, se gesta una predisposición genética para que el individuo nazca homosexual y, por otro, además se presentan las condiciones para que se manifieste esta orientación sexual.

Hay factores importantes que son tierra fértil para gestar la homosexualidad. La presencia de una madre dominante, lo que en términos coloquiales llamamos madre castrante, con un padre ausente o débil. Esto tiene una explicación muy sencilla, ya que el hijo tiende a identificarse con la figura más poderosa. Si se trata de un hombre, se identificará con la figura femenina, y como a su madre le gustan los hombres, entonces a él también le gustarán; es decir, introyecta la condición femenina. En el caso de la homosexualidad femenina, ocurre exactamente lo mismo, pero de forma inversa: puede haber un padre dominante y una madre débil, entonces la hija se identifica con la figura poderosa, con su padre, y hace propios los rasgos masculinos. Es importante mencionar que esto no es una regla obligada.

La predisposición genética se refleja cuando el niño o la niña desde muy pequeños empiezan a mostrar interés y gusto por actividades del sexo opuesto. Por ejemplo, el niño al que le gusta vestirse como mujer, jugar con muñecas y ser muy delicado; o la niña a la que le gustan los balones, los carros, la mecánica, las herramientas, jugar luchas, golpearse con los niños y es muy tosca. Muchos de estos niños expresan desde muy pequeños que sienten como si habitaran un cuerpo que no es el suyo: que son mujeres en cuerpo de hombre u hombres en cuerpo de mujer.

La teoría psicodinámica, en cambio, defiende que la homosexualidad se gesta en la etapa adolescente, cuando el joven se comienza a cuestionar sobre sus preferencias, y así se va dando cuenta de que, en el caso del varón, le gustan los hombres y no las mujeres; mientras que la joven se percata que le atraen las chicas más que los niños y esto les genera muchos conflictos. La mayoría de los adolescentes sufre porque tiene que aceptar y enfrentar su homosexualidad en un entorno que en su mayoría es hostil con el tema, y sabe que esto ocasionará grande confrontaciones con sus padres y con la sociedad en general.

Hay dos tipos de homosexualidad: endógena y exógena. La homosexualidad endógena se presenta cuando el individuo identifica claramente una preferencia por personas del mismo sexo, con toda la implicación y la erotización que representa, sin que le cause ningún problema; está acorde a su estructura, no le molesta, no le estorba, no le hace sentir mal, es aceptada y bien recibida.

En cambio, la homosexualidad exógena es aquella donde el individuo identifica una preferencia por el mismo sexo, pero esto le causa un terrible conflicto, porque no acepta la homosexualidad, no la desea, no le gusta, no la quiere, le incomoda, le enoja y le angustia. Hay personas que son homosexuales exógenos que confiesan que es una parte de ellos mismos que quisieran matar, y esto muchas veces los puede llevar incluso al suicidio. Su manera de pensar es: "No soy yo ese homosexual que llevo adentro". Es un conflicto enorme, porque dentro de la misma persona conviven un homosexual y un homofóbico. Algunos varones que sufren esta condición han expresado el deseo de ser castrados, lo prefieren antes que saberse homosexuales.

Independientemente del tipo de homosexualidad que llegue a presentar un adolescente, ya sea psicodinámica, biológica, endógena o exógena, lo importante es entenderlo desde su posición, no desde la posición de los padres. Es un hecho que no es una situación sencilla para el adolescente, y necesitará apoyo y comprensión.

La homosexualidad no es una elección. No podemos pensar que el adolescente se despierta un día y decide que ahora le gustan las personas de su mismo sexo. No es un tema de preferencia elegida, sino de una estructura mental y biológica que determina que las personas del sexo opuesto no le resulten atractivas.

He tratado algunos casos de padres que no entienden ni acep-
tan la homosexualidad de su hijo y que buscan estrategias para
que sienta atracción por el sexo opuesto. Para tratar de expli-
carles lo que su hijo está viviendo, les expongo una situación
hipotética (en el caso de los papás). Les digo: "Imagina que a
partir de este momento has cambiado y ahora te gustan los
hombres, y estás teniendo relaciones con uno. ¿Qué te parece
la escena? ¿Te agrada?". Casi siempre ponen un gesto de desa-
grado, y me dicen: "¡Qué asco!". Entonces les digo que exacta-
mente lo mismo siente un homosexual al pensar en tener
relaciones con alguien del sexo opuesto.

Uno de los mayores conflictos de un homosexual es el miedo a
enfrentar a sus padres, y de ahí al resto de la sociedad; evidentemente sigue siendo un estigma, y hay un elemento de culpa-
bilidad.

He sabido de padres que al observar cierta conducta homosexual en sus hijos, buscan corregirlos, ya sea metiéndolos a
escuelas militarizadas o llevándolos con prostitutas para que
los hagan hombrecitos.

Y esto nos lleva a cuestionarnos: ¿la homosexualidad se
puede corregir? Desafortunadamente la respuesta es incierta.
Hay casos en que sí se ha logrado cambiar, y otros en que ha sido
imposible; lo cual se cree que depende de la condición específica de cada persona. Sin embargo, siempre existirá una duda:
que quien deja de ser homosexual en el fondo no lo era y sólo
estaba en una fase de exploración.

Ya comentamos que algunos adolescentes tienen prácticas
homosexuales, sin que este hecho determine de manera perma-

nente su orientación sexual. Recordemos que es una etapa de búsqueda, en la cual las amistades juegan un papel muy importante. Las relaciones de amistad son tan estrechas que el cariño y la admiración pueden confundirse con amor y deseo; y en este sentido pensar que existe una tendencia homosexual, y que la chica está enamorada de la amiga, o el chico del amigo, porque se entienden, se procuran, se necesitan, se quieren. En el caso de los hombres, como el impulso sexual es muy fuerte a esta edad y viven con la sexualidad a flor de piel, cuando los amigos tienen relaciones muy cercanas, se ven todo el día todos los días, platican, salen juntos de la escuela, hacen la tarea juntos, llega a suceder que comienza a tener juegos homosexuales, en donde haya caricias sexuales, lo cual no implica forzosamente que se trate de una homosexualidad.

Otra tendencia que se manifiesta durante la adolescencia, y cada vez de manera más marcada, es la bisexualidad. Un precursor importante para que se manifieste esta condición son los juegos homosexuales. Hoy más que nunca la bisexualidad se practica de manera más abierta y hay una cantidad considerable de adolescentes que se asumen como bisexuales.

Existen algunos factores que hoy en día incrementan la tendencia hacia la homosexualidad o la bisexualidad, me refiero a que ahora los adolescentes están acostumbrados a vivir en el esquema de la inmediatez y del principio del menor esfuerzo. Esta conducta de buscar satisfacer todas sus necesidades de manera inmediata en gran parte es promovida por los padres, que desde muy temprana edad cumplen todos sus caprichos. Además, recordemos que el adolescente es terriblemente hedonista, ve el placer como el bien supremo; entonces este conjunto de elementos hace que con tal de sentirse bien y de cubrir sus necesidades, no le importe tener contacto sexual con personas de su mismo sexo o del sexo opuesto: lo que pretende es gozar.

Hay una teoría que explica que la bisexualidad en realidad no existe: quienes tienen sexo con hombre y mujeres por igual, en realidad son homosexuales que también tienen relaciones con el sexo opuesto; desde el momento en que tienen relaciones con personas de su mismo sexo, ya se considerarían homosexuales.

El caso es que tener relaciones tanto con hombres como con mujeres de manera indistinta es algo que, casi podríamos decirlo, ahora está de moda.

> En consulta he tenido adolescentes de ambos géneros que me han dicho abiertamente que es normal ser bisexual, que no tiene sentido elegir entre el género masculino o femenino, cuando se puede gozar tener relaciones con ambos.

¿Qué deben hacer los padres ante este tipo de posturas? Evitar reprochar o castigar, como decíamos, en su búsqueda y confusión el adolescente explora para encontrar su identidad, y otra recomendación muy importante es pedir ayuda profesional. El adolescente necesita orientación y apoyo de un especialista.

Lo que me parece un factor de riesgo muy delicado con la homosexualidad es que generalmente lleva a la promiscuidad.

Cuando un joven es heterosexual, la probabilidad de que una chica quiera tener relaciones sexuales es menor y requiere de otro tipo de implicaciones y cuidados. En cambio, si un homosexual conoce a otro homosexual, la probabilidad de que tengan relaciones es muy alta.

Pensemos en un joven que tiene tendencias homosexuales pero que nunca ha tenido relaciones con alguien de su mismo sexo, este adolescente conoce a otro joven que tiene las mismas tendencias, pero que ya tiene experiencia; la probabilidad de que lo incite a tener relaciones va a ser muy alta. Sería el mismo caso de un adolescente heterosexual que de pronto se encuentra con una chica que lo seduce y lo provoca para tener relaciones… difícilmente se resistiría.

> *El ambiente entre los homosexuales varones suele ser en extremo promiscuo, fácilmente tienen relaciones entre desconocidos y muchas veces sin protección. En cambio, el ambiente femenino no es tan promiscuo, aunque también puede llegar a serlo.*

En el caso de los varones, hay una tendencia a la vivencia homosexual a edades más tempranas, generalmente con personas que son mayores.

Tuve el caso de un joven que desde que tenía quince años reconocía su tendencia homosexual, pero nunca se había animado a explorarla. Un día conoció a un homosexual de veinticinco años que trataba de seducirlo prestándole el coche, invitándole tragos, haciéndole regalos, y lo terminó convenciendo de acostarse con él. Los padres del chico se dieron cuenta de lo que estaba sucediendo, y le prohibieron la amistad; entonces comenzaron a verse a escondidas. Poco a poco lo fue involucrando en su ambiente, y sus amigos se lo querían arrebatar, textualmente se lo jaloneaban, y así comenzó a tener relaciones promiscuas. Lamentablemente, le acaban de diagnosticar el virus del VIH.

Reconozco que para muchos padres puede ser difícil aceptar la homosexualidad de un hijo; sin embargo, no hacerlo puede tener graves implicaciones. Cuando se tiene la apertura de aceptar esta condición, es posible orientarlo, apoyarlo, se puede sostener un diálogo que permita una vinculación, la posibilidad para hablar de estos temas y prevenir situaciones riesgosas.

Masturbación

La masturbación, tanto femenina como masculina, es la estimulación de los órganos genitales con el objeto de obtener placer sexual. Es una realidad que los adolescentes se masturban, aunque los hombres lo hacen en mayor proporción que las mujeres. De hecho, me atrevería a decir que casi todos los hombres se masturban, pero también casi todos lo niegan.

La masturbación no tiene ninguna implicación negativa, aunque existen tres factores que son importantes de observar y que podrían representar ciertas complicaciones. El primero es la frecuencia con que se practica, porque una conducta que se repite se convierte en una costumbre, una costumbre en un hábito y un hábito en un vicio, y de ahí se pueden desencadenar obsesiones. El segundo factor es que el adolescente focalice su placer sexual principalmente en la masturbación y prefiera el placer autoerótico, incluso por encima de una relación sexual real con una pareja, con lo que suple el vínculo y la intimidad que se puede tener con otra persona. Y, el tercero, en el caso del hombre, es que hay una asociación muy estrecha entre eyaculación precoz y masturbación; por lo general cuando el adolescente se masturba tiene cuidado de no ser sorprendido, y así el organismo se condiciona a eyaculaciones muy rápidas. Los hombres que padecen eyaculación precoz no pueden sostener fácilmente una relación sexual, pues no controlan la eyaculación.

Independientemente de estos tres factores, la masturbación adolescente se considera un hecho normal que no causa ningún daño. Es un proceso que forma parte de la etapa que viven los jóvenes.

Tuve en consulta a una mamá muy preocupada porque había sorprendido a su hijo masturbándose. Madre e hijo tienen una comunicación muy abierta y cuando platicaron sobre el tema, el hijo le confesó que acostumbraba hacerlo repetidamente. La mamá de inmediato empezó a insistirle al papá que lo llevara con una prostituta, porque creía que ya necesita experimentar una relación sexual. La madre estaba haciendo una relación directa entre masturbación y una necesidad de tener relaciones sexuales, lo cual no tiene nada que ver.

Cuando los padres detectan que su hijo o hija se masturba, lo recomendable es tomarlo con mucha naturalidad. Quizá lo único en que se debería tener precaución es la frecuencia con que se hace, por las implicaciones que acabamos de mencionar, así como los lugares y las formas. No es lo mismo que el adolescente se masturbe en el baño de su casa, que en el baño de la escuela; como tampoco es igual que lo haga en la intimidad, que en presencia de otras personas.

Suicidio

Hablar del suicidio en la adolescencia es un tema muy delicado, porque tiene muchas aristas. Es muy complicado, incluso como especialista, detectar cuál es la condición real del joven cuando hay una idea o un intento suicida.

Hemos insistido en que los adolescentes pasan por una etapa de cambios en la que se presentan permanentes fluctuaciones en el estado de ánimo, y pueden pasar de la euforia a la depresión en cuestión de segundos. Sin embargo, los periodos depresivos pueden ser muy prolongados y convertirse en una crisis que lleve al joven a pensar en el suicidio o, peor aún, en intentar suicidarse.

> *Cuando un adolescente tiene en mente el suicidio, generalmente se dan diferentes tipos de comportamientos:*

a. No dice nada, no avisa y tiene un intento suicida o se suicida.

b. Verbaliza una posibilidad de suicidarse, pero no lo concreta.

c. Amenaza con el suicidio, pero no tiene ninguna intención de hacerlo.

Hay una regla general en psicología que dicta que: NUNCA UNA AMENAZA O MENCIÓN SUICIDA DEBE TOMARSE A LA LIGERA. Esto quiere decir que cada vez que un padre escucha que su hijo verbaliza que no quiere vivir, que la vida no tiene sentido, que ya no quiere estar en el mundo, que se siente desesperanzado, que perdió la ilusión de vivir, que siente un dolor muy profundo, debe considerarlo como indicadores muy claros de que es posible que esté deprimido y, quizá, pensando en el suicidio.

Quiero hacer una aclaración muy puntual: no todos los adolescentes que tienen crisis depresivas o pensamientos de desilusión y desesperanza consideran el suicidio como una alternativa; pero independientemente de esto, los padres siempre deben tomar acción en el asunto, no se pueden dar el lujo de suponer nada. Lo más recomendable es acudir con un especialista para diagnosticar el problema de fondo y darle solución.

Hay muchos adolescentes que utilizan la amenaza de suicidio para llamar la atención o como un mecanismo de venganza contra sus padres por algo que los hace enojar, pero su objetivo no es matarse. Y llegan incluso a tomar acción con artimañas que bien saben que no son causa de muerte, como tomarse un frasco de aspirinas, por ejemplo.

Tuve en consulta a una señora que estaba muy preocupada porque su hija de doce años todo el tiempo le repe-

tía: "Ay, mamá, me quiero morir", "Ya no quiero vivir", "No puedo con tantos problemas". Y después pasó a otro nivel, y le dijo: "Si un día me mato va a ser por tu culpa", y esto lo repitió tres o cuatro veces. En realidad la señora sí tenía suficientes razones para estar muy preocupada. Finalmente acordamos que yo atendiera a la joven. Cuando esta chica asistió a su cita, me sorprendió toparme con una adolescente muy madura, animosa y bien plantada, pero terriblemente manipuladora. Cuando le comenté cuál era la razón de esa consulta, hasta risa le dio cuando escuchó que su mamá estaba preocupada porque pudiera tener un intento de suicidarse, y me dijo: "¡Cómo cree, doctor! No me interesa suicidarme, ni morirme ni nada. Amenazo a mi mamá con hacerlo cuando me hace enojar, sólo por fastidiarla. Yo sé que con eso la hago preocuparse, y por eso se lo digo". Me dejó sorprendido, porque abiertamente me lo confesó y además riéndose, no tuve que sacar la información con pruebas ni con una entrevista clínica. En este caso es muy evidente que esta chica no tenía ideaciones suicidas.

Al hecho de empezar a maquinar la idea de terminar con la vida se le conoce como *ideaciones suicidas*. Lo que busca la persona es terminar con un dolor profundo, con sus problemas o con sus conflictos, y comienza a pensar en formas de eliminarlos, llegando a la conclusión de que la forma más efectiva es quitándose la vida. Al terminar con la vida, termina con el dolor. No siempre tiene que ver con una idea concreta de suicidio, sino que empieza a contemplar la idea de ya no estar y de ya no sufrir.

Es así como poco a poco se va contemplando la idea hasta que muchas veces termina ejecutándose.

Siempre que haya algún indicador o mensaje, por pequeño que sea, de ideas suicidas o de profunda depresión, será necesario explorar a fondo el origen de estos indicadores y su probable repercusión.

11. FACTORES DE RIESGO Y PROTECCIÓN

En la actualidad, los hábitos y costumbres de los jóvenes se han transformado radicalmente. Antes, el estilo de educación de los padres y la manera de cuidar a sus hijos adolescentes consistía en evitar que estuvieran expuestos a cualquier tipo de riesgo; impedían que sus hijos tuvieran contacto con actividades, personas o lugares que pudieran significar el mínimo peligro, esto con el fin de protegerlos de situaciones indeseables y de malas influencias. A una gran mayoría de padres de actuales adolescentes nos educaron con este estilo, y me parece que resultaba muy eficiente, sobre todo por dos factores: el primero, porque los padres ejercían su autoridad y los hijos tenían que reconocerla y respetarla y, segundo, porque cumplía su objetivo de proteger a los adolescentes de riesgos.

En parte, esto era posible gracias a que en esa época existía la posibilidad de identificar y segmentar los peligros que los hijos podían correr. El entorno lo permitía: había más cercanía, se conocían los grupos de compañeros de la escuela, se sabía quiénes eran los conflictivos, se tenía conocimiento de los lugares que acostumbraban frecuentar y saber cuáles eran seguros y cuáles no. Desde luego que existían peligros, pero era más sencillo reconocerlos y controlarlos.

Si en esta época quisiéramos seguir aplicando ese mismo esquema de protección, sería necesario meter al adolescente en una burbuja, pues se topa con situaciones riesgosas en cualquier lugar durante las veinticuatro horas del día. En casa, puede acceder a internet y tener actividades que lo pongan en peligro o consultar información inadecuada. En la escuela, su compañero de banca puede ser drogadicto, homosexual o integrante de una tribu urbana. En la calle está expuesto a asaltos, bandas de secuestradores o de venta de droga. Hoy sería prácticamente imposible seguir educando a los jóvenes en el mismo esquema de evitación de factores de riesgo.

En una ocasión, di una conferencia en un auditorio en el que había un público de alrededor de cuatrocientos padres de familia. Pedí que levantaran la mano aquellas personas a las que en alguna ocasión les hubieran ofrecido o hubieran tenido contacto con la droga durante su adolescencia. No levantaron la mano más de veinte personas. En otra conferencia, con un público de similar tamaño, pero esta vez con adolescentes, les hice exactamente la misma pregunta. La respuesta fue impresionante: prácticamente todo el auditorio levantó la mano. Casi todos los presentes habían tenido algún contacto con la droga, lo cual no necesariamente significa que la hubieran consumido. El acceso que los adolescentes de hoy tienen a la droga y a otras actividades y comportamientos indeseables, es muy amplio y peligroso.

Si fuera posible hacer el ejercicio anterior preguntando quién ha tenido relaciones sexuales antes de los dieciocho años, considerando los dos escenarios, uno con padres de familia y otro con adolescentes, con toda seguridad el resultado sería de proporciones similares. Lo mismo sucedería si preguntáramos cuántas mujeres acostumbraban beber alcohol antes de esa edad.

Como está claro que es imposible seguir educando en un esquema de evitación de riesgos, porque los adolescentes están expuestos a ellos de manera permanente, las condiciones obligan a cambiar el enfoque por acciones que estimulen la protección.

> No se trata de evitar que el adolescente esté expuesto a factores de riesgo, sino de incrementar los factores de protección para que aprenda a cuidarse por sí mismo y tenga los recursos para hacerlo.

Revisemos algunos de los principales factores de protección.

Autoestima alta

Quizá el factor de protección más importante y efectivo es fortalecer la autoestima del adolescente. Cuando un individuo se valora, se aprecia y se respeta, evitará hacerse daño y no necesitará de la aprobación de nadie más para sentirse valioso.

> *Una persona que tiene alta autoestima no busca dañar su cuerpo ni su mente, por lo tanto no le interesa ningún tipo de vicio ni de malos hábitos, no atentará contra su salud y no permitirá que su mente se llene de pensamientos negativos y destructivos.*

Muchos jóvenes que son exitosos y triunfadores, ya sea como estudiantes, deportistas o en alguna habilidad artística, no sienten atracción por actividades riesgosas, porque lo que hacen los satisface y les fortalece la autoestima. A través de estas actividades encuentran su realización y plenitud, no necesitan experimentar con nada, y hasta ven absurdo que otros jóvenes lo hagan.

Bien sabemos que es imposible transmitir algo que no se tiene. Es frecuente encontrar padres con pésima autoestima que tienen hijos con la misma carencia. Es muy sencillo: si yo tengo autoestima, la puedo transmitir, si no, no. Entonces, antes que nada, los padres deberán trabajar en su propia autoestima, ya que en gran medida se transmite y se aprende de la imitación.

Recomendaciones para fortalecer la autoestima de los adolescentes:

- Identifica y trabaja tu propia autoestima.
- Mantente alerta de indicadores de devaluación o inseguridad en tu hijo y corrígelos.
- Reconoce a tu hijo siempre con base en logros reales.

- Evita elevar las expectativas de tu hijo más allá de lo que puede dar, porque lejos de estimular su autoestima, la estarás disminuyendo.
- Recuerda que la base de la autoestima es la autoaceptación.

Comunicación efectiva

Es claro que entre más comunicación se tenga con los hijos, el factor de riesgo será menor. La comunicación debe funcionar en dos vías. Por un lado, fomentar que el adolescente desee comunicarse con los padres, así será posible conocerlo mejor y estar enterado de lo que sucede en su entorno y en su día a día. Esto les da una valiosísima pauta para identificar los riesgos a los que cotidianamente se expone y orientar sus cuidados. Para que un adolescente se acerque a sus padres y por sí mismo procure la comunicación, éste debe sentirse escuchado, saber que a ellos les interesa todo aquello que les transmite y, sobre todo, no sentirse juzgado.

La segunda vía en que debe funcionar la comunicación es de los padres hacia el hijo. Los padres también deben comunicarse con el adolescente, pero no con un propósito de aleccionar, sino con el fin de crear una comunión y entendimiento.

Me parece muy importante que los padres de familia generemos las condiciones para que la comunicación se dé: estar abiertos, dispuestos, ser comprensivos, tolerantes, promotores y facilitadores, aunado a un clima de confianza y cordialidad.

Fomentar la comunicación no significa cuestionar todo. La comunicación se promueve con la actitud que los padres muestren cuando el adolescente habla. Esto es algo que pocos padres de familia entienden: quieren que su hijo o hija platique con ellos, pero cuando lo hacen sus reacciones son desalentadoras, no le prestan atención, se enojan o los regañan.

Recomendaciones para lograr una comunicación efectiva con el adolescente:

- Ábrete a escuchar.
- No utilices todos los momentos de contacto con tu hijo para mandar mensajes correctivos o para reprender.
- Elige batallas con tu hijo, de manera que no pelees por todo.
- Permite que hable sin que interrumpas.
- Utiliza el juego: "¿Qué quieres que te diga?"

Ambiente familiar armónico

Un ambiente familiar armónico significa que en casa se vive con respeto, paz y alegría, y que abarca a todos los integrantes de la familia; de tal manera que la relación entre cada uno de ellos sea sana y funcional.

Implica que al adolescente le agrade estar en su casa y que quiera estar ahí. Muchos padres, no digo todos, dan poca importancia al ambiente familiar, y aunque parezca algo insignificante, tiene grandes implicaciones. Por ejemplo, imaginemos un hogar en el que el papá es solitario, muy formal, poco comunicativo, de pocas sonrisas; la mamá es tímida, retraída y abnegada; no tienen amigos, y si los hay nunca los visitan; en esa casa no se permiten los ruidos fuertes ni los escándalos, ni el desorden. No hay juegos ni bromas. Definitivamente, para un adolescente sería un hogar extremadamente aburrido.

Cuando un chico no se divierte en su casa buscará espacios para pasarla bien fuera de ella. Textualmente es como si sus padres lo expulsaran de su casa, pues ahí se sentirá sofocado, aburrido o harto. Muchos jóvenes encuentran el factor de diversión en la escuela, y pasan ahí las mejores horas de su día, y luego regresan con amargura y desgano a su casa. Pero en otros casos la escuela tampoco es un entorno agradable, entonces no tienen espacios en donde puedan pasarla bien, y buscan ambientes que no les sean nada favorables e identificarse con grupos que se encuentren en su misma condición para gratificarse y divertirse.

También podemos poner como ejemplo situaciones más delicadas, como un hogar en el que el papá y la mamá pelean todo el tiempo, en donde constantemente hay tensión, enojo, gritos, golpes e indiferencia, y el adolescente vive con miedo o enojo en su propia casa, cuando debería ser el lugar más seguro.

> Si el adolescente no cuenta con un buen ambiente
> en su casa, lo buscará en otro lugar, en donde
> haya distracciones, gozo y emociones; lo cual,

desafortunadamente, lo puede encontrar en los antros, en las adicciones, en la delincuencia, en actividades peligrosas.

Cuando un adolescente tiene problemas, de inmediato recurre al lugar en el que se siente más comprendido, cobijado y a gusto. Si es en la calle, en la primera oportunidad saldrá de casa y buscará el apoyo de sus amigos o simplemente va a tratar de evadir el problema. Pero cuando el joven se siente bien en su casa, cuando tenga dificultades ahí es en donde buscará refugio.

Recomendaciones para un ambiente familiar armónico:

- Evita discutir como pareja frente a los hijos.
- Promueve, refuerza y valora el sentido del humor.
- Organiza actividades lúdicas que sean divertidas y recreativas.
- No te alejes de las relaciones sociales, sobre todo de gente divertida.
- Refuerza la comunicación abierta y sincera.
- Intercala actividades familiares, sociales y recreativas que sean tanto de tu interés como de tu hijo.

Apoyo familiar

Cuando hablamos de apoyar al hijo se suele pensar que significa facilitarles tanto las cosas que esto le impida aprender a hacerse responsable. Y, justamente por esta creencia, muchos padres rompen con el apoyo a edades muy tempranas.

Sin embargo, habrá que entender la diferencia entre ayudar a un hijo y resolverle todos sus asuntos. El apoyo que el adolescente requiere está enfocado a que se sienta respaldado por su familia, independientemente de las circunstancias que se le atraviesen. No se trata de solucionar sus problemas y conflictos, sino de propiciar las condiciones para que los resuelva por sí mismo; lo importante es que siempre tenga la seguridad de que cuenta con sus padres.

> Algunos padres se creen incondicionales con su hijo, pero lo importante es que sienta ese apoyo. Seguramente hacen mil cosas por ayudarlo, pero si no siente ese respaldo, no está cumpliendo el efecto que se pretende. Cuando el hijo no siente el apoyo de su familia, lo busca en otra parte, y a veces encuentra formas muy inapropiadas.

Recomendaciones para brindar apoyo familiar al adolescente:

- Identifica las necesidades de tu hijo.
- Recuerda que apoyar no es forzosamente solucionar sus problemas.
- Haz énfasis en que siempre puede contar contigo.
- Promueve la confianza como un elemento que te permita estar al tanto de lo que le ocurre a tu hijo.
- Procura no regañar antes de apoyar. En un momento dado sería recomendable hacerlo al revés. Primero apoya y luego reprende. Esto generará una sensación completamente distinta en tu hijo.

Conductas adecuadas de los padres

Nada educa mejor que el buen ejemplo. En una familia en la cual los padres practican deporte de manera habitual, es muy común que los hijos sean deportistas. Los padres que aman los libros y que acostumbran leer tienen hijos lectores. Los padres que por naturaleza sonríen y se divierten tienen hijos alegres.

Inconscientemente los padres transmiten una serie de actitudes y de patrones, que de la misma manera los hijos interiorizan como parte de una estructura de personalidad. Los hábitos sanos, la disciplina, la autoestima, el control de los impulsos y de las emociones, entre muchas otras cosas, son valores que se transfieren de los padres a los hijos a través del ejemplo.

Sin embargo, la transmisión de valores funciona de igual manera en sentido positivo que negativo. Es muy claro que en familias de padres fumadores hay hijos fumadores; padres que acostumbran beber alcohol de manera cotidiana, tienen hijos que también beben; padres que no cuidan su salud y ni su alimentación tienen hijos obesos; padres iracundos tienen hijos violentos.

El buen ejemplo que los padres puedan dar a su hijo es un poderoso factor de protección.

En una consulta, que tuve con los padres de un joven, comencé a describir las conductas y el comportamiento de su hijo, y de pronto la mamá me dijo: "Me está describiendo a mí: mis conductas impulsivas, mi inmadurez y mi falta de autoestima". Y, justamente, ésa era mi intención, que ella se diera cuenta de que su hijo estaba repitiendo sus patrones. Al terminar la consulta, la madre le pidió a mi asistente una cita para que también le diera terapia a ella.

Recomendaciones para proteger a los adolescentes a través de las conductas adecuadas de los padres:

- Observa y cuida tus propias conductas.
- Educa con el ejemplo.
- Sé tolerante y comprensivo.
- Cuida tu salud.
- Haz deporte.
- Ten una actitud positiva y busca actividades que te permitan gratificarte y disfrutar la vida.

Autonomía con el uso del tiempo libre

Los adolescentes de hoy no saben qué hacer con su tiempo libre. Antes era común que los hijos giraran alrededor de los padres, hoy esta dinámica ha cambiado, y los padres giran alrededor de los hijos: deben resolverles la vida y entretenerlos todo el tiempo. Los hijos creen que es responsabilidad de sus padres que ellos se diviertan y la pasen bien. Ahora, los adolescentes deben buscar ocupaciones que sean entretenidas, y así los llevan a cuanto lugar se pueda o recurren a la televisión o a los videojuegos. Pero el problema de esto es que los jóvenes no saben cómo autoemplearse y comienzan a caer en una ociosidad mal enfocada.

Cuando a un joven al que no está acostumbrado a tener esta autonomía en el uso de su tiempo libre, al que sus padres siempre le han dicho lo que debe hacer, de pronto se le deja libre y se le da la opción de elegir las actividades que más le plazcan para entretenerse, se corre el riesgo de que tome elecciones incorrectas o indeseables. "¿Por qué te embriagaste? Es que me dejaron solo en casa y no tenía nada que hacer", "¿Por qué te saliste de la escuela? Es que no llegó el maestro y no teníamos nada que hacer". Hay muchos comportamientos que tienen una relación directa con la incapacidad para autoemplearse, para tener una autonomía del tiempo libre y saber utilizarla a en su propio beneficio.

> En una ocasión tuve una conversación con mi hijo acerca de que buscara un hobby. Surgió en una tarde de sábado en que él quería que saliéramos de casa y que lo lleváramos a un establecimiento de tragamonedas, al cine o al centro comercial, y yo a todo le decía que no porque ya habíamos acordado pasar la tarde en casa. Y mi hijo me dijo que estaba muy aburrido, que no sabía qué hacer para entretenerse. Entonces hablé con él, le dije que yo no era ni un payaso ni un animador, y que yo no tenía la obligación de divertirlo, sino que él debía hacerlo por sí mismo. Le pedí que buscara un hobby para que lo practicara en su tiempo libre, algo que lo divirtiera y que disfrutara. Platicamos mucho explorando algunas actividades que podrían ser atractivas para él, y así encontró que le fascinaba descargar música de internet, y podía pasar horas haciéndolo, lo cual fue muy provechoso.

Recomendaciones para que los adolescentes tengan autonomía en el uso del tiempo libre:

- Comparte con tu hijo tus propias aficiones, así él sabrá valorarlas.

- Procura no siempre entretener a tu hijo. Deja que él busque actividades de esparcimiento.
- Estimula el conocimiento. Nunca se sabe cuándo será el momento en que tu hijo encuentre un interés importante.
- Promueve la lectura desde edades tempranas.
- A pesar de tener muchas actividades extraescolares, procura destinar algún tiempo para el ocio bien encaminado.
- Comparte con él sus momentos de tiempo libre.

Práctica sistemática de algún deporte

Otro factor de protección muy importante y que está perfectamente comprobado, es la práctica sistemática de algún deporte. Es infinitamente menor el riesgo que corre un joven que practica un deporte porque es saludable física y mentalmente, aprovecha su tiempo libre, desarrolla un espíritu de competencia sano y busca perfeccionarse.

Es importante que la práctica del deporte se haga de manera formal, es decir, que pertenezca a un equipo, que tome clases, que le dedique determinadas horas a la semana y, de preferencia, que participe en competencias.

> Cuando el deporte se convierte en una motivación y los jóvenes están dedicados a lograr cada vez mejores resultados, se evita que esté expuesto a factores de riesgo.

Recomendaciones para la práctica de deporte:

- Promueve que tu hijo practique algún deporte desde pequeño.
- Da alternativas para la práctica de deportes, pero condiciona a que elija alguno.
- De preferencia busca actividades deportivas de equipo que refuercen las relaciones familiares.
- Involúcrate en las actividades deportivas de tu hijo. Interésate y asiste a sus competencias.
- Si es posible, haz deporte con él.

Estudiar en un ambiente escolarizado

Actualmente existe la posibilidad de realizar estudios de secundaria, preparatoria o profesional en sistema abierto (autodidacta y flexible), en el cual los estudiantes no requieren asistir a la escuela de manera sistemática, sino que pueden realizar sus estudios en su propia casa, de acuerdo a un plan establecido. Sólo asisten a la escuela para recibir asesorías y para presentar exámenes. No hay tareas, no hay trabajos en equipo, no hay compañeros de clase, ni molestos maestros que fastidien.

Algunos padres encuentran beneficios en este sistema y probablemente haya jóvenes que lo aprovechen de manera adecuada; sin embargo, el factor de riesgo se incrementa considerablemente. Esto se debe a que los jóvenes tienen mayor disponibilidad de tiempo libre y, por lo tanto, acceso a otras actividades que pueden ser inconvenientes. Hemos comentado que los adolescentes requieren de rutinas, horarios y controles, de lo cual carecen o por lo menos disminuye en un sistema abierto.

El sistema abierto es muy útil para los adultos que no cuentan con sus estudios de secundaria o preparatoria o que desean cursar una carrera profesional; pero generalmente no es una buena recomendación para los adolescentes. Es una realidad que el sistema escolarizado es el que permite mejores resultados, no únicamente en su nivel de estudios, sino también en su formación y como un factor de protección. Aclaro que no niego que sea útil y sirva en algunos casos, pero es preferible el sistema escolarizado.

Incluso, en los sistemas escolarizados hay escuelas que son más flexibles en el control de asistencia que otras. Quizá las preparatorias a puertas abiertas fomenten más la responsabilidad de los adolescentes, porque el estudiante debe cumplir con cierto número de asistencias por cada materia, pero no tiene que entrar y salir a una hora específica de la escuela y no hay control. En cambio, en una preparatoria escolarizada a puertas cerradas, el estudiante entra y sale todos los días a una misma hora, y debe permanecer dentro de la escuela hasta la hora de la salida.

Como una estrategia para evitar riesgos, es más recomendable la preparatoria a puerta cerrada; evidentemente el control es mucho mayor y se obliga al estudiante a cumplir con ciertas reglas: hay contención, supervisión, y si en determinado momento el joven comete una falta, llaman a los padres y siempre están enterados del comportamiento de su hijo. No obstante, como en otro momento se ha comentado, las propias características del adolescente, su madurez y sus vivencias pueden ser elementos centrales para evaluar las alternativas más convenientes.

Recomendaciones para un mejor rendimiento escolar:

- Estimula hábitos de estudio y trabajo escolar.
- Da importancia a la preparación académica.
- Prepárate académicamente o realza el significado que le das a los estudios académicos.
- En la medida de lo posible cierra la posibilidad de que tu hijo abandone los estudios o que cambie a otro tipo de sistema escolar.
- Supervisa de cerca el desempeño de tu hijo para que no tengas que buscar grandes remedios a grandes males.

Aprecio por la salud y prevención de riesgos

Las familias que tienen un aprecio por la salud son cuidadosas del bienestar físico, emocional, mental y espiritual. Y no sólo me refiero a comer frutas y verduras y tomar vitaminas, sino a un bienestar integral. Como sería el caso de una familia en la que hay un ambiente estable y armónico, con un hogar limpio y ordenado, en donde hay aprecio por la salud, que se hace deporte, que hay prevención de enfermedades y si se presentan se atienden.

Para el cuidado de la salud mental, se evitan actitudes nocivas, creencias limitantes y relaciones perjudiciales. Por ejemplo, si el hijo escucha que su mamá ya no frecuenta a cierta amiga, porque le parece que no es sano convivir con alguien tan negativo, que siempre se está quejando, platicando chismes y criticando a otras personas, el adolescente entenderá y aprenderá que hay amistades que no son sanas, que no influyen positivamente y que no es obligatorio tolerarlas; además, comprenderá que en su familia se valora el respeto por los demás y actuará de acuerdo a esto.

En cuanto al aprecio por la prevención de riesgos, significa evitar todas aquellas situaciones que puedan generar inseguridad en la familia, como actividades peligrosas, deudas. Este tipo de acciones no siempre son visibles para los hijos, pero sí se transmiten como una actitud. Por ejemplo, los padres que deciden no utilizar el auto hasta que esté asegurado, llegan temprano a casa, evitan gastar más de lo que tienen y evitan practicar actividades peligrosas sin las precauciones de seguridad correctas; son detalles que los adolescentes observan y absorben como aprendizaje.

Recomendaciones de salud y prevención de riesgos:

- Cuídate a ti y a tu familia contra riesgos.
- Haz deporte y come lo más sano posible.
- Procura tener seguros de vida, contra accidentes, del auto, gastos médicos.
- Controla el exceso de velocidad y conduce con respeto.
- Usa protecciones adecuadas en las diversas actividades que realices y promueve que tus hijos hagan lo mismo.
- Atiéndete médicamente y evita la automedicación.

Facilitar información

Con respecto a este tema, estoy absolutamente convencido de dos cosas. La primera es que el hecho de que los adolescentes tengan información no significa que no van a cometer errores, es muy probable que vayan a equivocarse más de una vez; sin embargo, los errores serán menos frecuentes y de menor gravedad que si no tuvieran información.

La segunda es que el hecho de contar con información de ninguna manera promueve ni induce conductas indeseables. Muchos padres tienen la creencia y el temor de que al informar a su hijo acerca de los riesgos de las drogas, por ejemplo, estén promoviendo su consumo; o que al hablar de sexo y de los cuidados que se deben tener, se esté permitiendo que tenga relaciones sexuales a temprana edad.

Este tema es controvertido, porque suponiendo que los padres nunca le han hablado de sexo a su hija, y de pronto se enteran que tiene relaciones sexuales a muy temprana edad, van a pensar que fue porque nunca le hablaron del tema. En caso contrario, si los padres le hablan a su hija de sexo y le proporcionan información sobre los riesgos y cuidados, y la joven tiene relaciones sexuales, van a pensar que fue por motivo de haberle dado tanta información. La cuestión es que con información o sin ella, el hecho de que la chica tuviera relaciones a esa edad probablemente no iba a cambiar. Lo que sí puede cambiar es que con información estaría más preparada, sabría lo que estaría haciendo, evitaría riesgos y situaciones comprometedoras. Y esa sí es una enorme diferencia.

Recomendaciones para facilitar información a los adolescentes:

- Primero infórmate tú.
- Busca información veraz.
- Comparte con tu hijo la búsqueda de información; por un lado para que la actividad por sí sola sirva de vinculación con tu hijo y, por otro, para comprobar con sustento lo que quieres transmitirle.

- Analicen la información que encontraron y den sus puntos de vista.
- Promueve la costumbre de buscar información y no sólo quedarse con lo que piensa o cree.

Redes de apoyo

Hoy se sabe que los adolescentes de antes se metían en menos problemas porque el factor de riesgo era inferior, era otra época, pero también se debe a que las redes de apoyo eran muy usuales. Los padres sabían adónde iba su hijo, con quién andaba, en casa de qué familia estaba, conocían a los padres de sus amigos y vecinos.

Existían estas redes de apoyo, y no sólo en el sentido de conocer el ambiente en el que se desenvolvía el hijo, sino que estaban profundamente marcadas en función de las propias amistades del adolescente, que se cuidaban unos a otros.

Desafortunadamente, es común que ahora los adolescentes no se cuiden entre ellos. Si un chavo se mete en problemas, si toma de más, si pierde su dinero, sus amigos se dan la vuelta y se van. Hoy los adolescentes saben que no pueden confiar en la ayuda de sus amigos.

Atendí en el consultorio el caso de un chico que al entrar a la secundaria sus padres le dijeron que ya estaba grandecito para irse y regresar solo de la escuela. Este joven comenzó a faltar a la escuela y los padres no se enteraron hasta que un día les hablaron para decirles que habían encontrado a su hijo en un parque, en estado inconsciente con hipotermia y conges-

tión alcohólica. Resulta que cuando no asistía a la escuela, este joven acostumbraba irse a tomar con unos amigos. Un día muy frío bebió tanto, que le dio una congestión alcohólica que lo hizo caer desmayado en un parque. Los amigos se dieron cuenta de que se había desmayado, pero les dio miedo que tuviera algo grave y lo dejaron ahí tirado, sin hacer nada por él ni avisar a sus familiares, hasta que lo encontraron unos policías, quienes pidieron una ambulancia que lo llevó a un hospital. Este chico estuvo en terapia intensiva por mucho tiempo, pues en el hospital le comenzaron a dar convulsiones debido a un error de los médicos, que incorrectamente mezclaron dos medicamentos causándole un terrible daño. Fue una situación muy lamentable. Y los supuestos amigos nunca volvieron a aparecer.

En mis conferencias y pláticas con adolescentes siempre enfatizo que se cuiden entre ellos, pues uno nunca sabe cuándo pueda necesitar la ayuda de un amigo. Es la mejor manera de protegerse. Les digo, a manera de ejemplo, que si ven que un amigo o amiga se emborracha, se queden a su lado, busquen un lugar seguro, lo lleven a su casa, o en caso necesario hablen a sus propios padres o a los padres del amigo o amiga para que lo recojan.

> *Los adolescentes deben tener sus propias redes de apoyo y saber que cuentan con ellas.*

Y aunque en la actualidad no sea tan sencillo tener las redes de apoyo que en otros tiempos se facilitaban, los padres sí pueden ir creando algunas. Por ejemplo, saber en dónde está su hijo, pedir el teléfono de la casa a donde va, hablar con los padres de sus amigos para comprobar que están juntos, investigar quién los va a traer y a llevar, conocer a los padres de sus amigos y tener sus teléfonos. Los jóvenes aborrecen cualquiera de estas acciones, pero puede ser una condicionante para obtener un permiso. Por ejemplo: "¿Me das permiso para ir a una fiesta a casa de fulanita? Claro que sí, pero necesito que me des el teléfono de su casa para hablar con sus papás". Y no sólo se hace con el afán de amenazar, sino que saben que es una condición para que pueda obtener el permiso y están conscientes de que efectivamente sus padres llamarán a casa de la amiga en cuestión, para constatar que ahí está su hija y que los padres de la amiga están supervisando la fiesta.

Recomendaciones para crear redes de apoyo:

- Acostumbra a tu hijo desde el principio a que te debe informar en dónde está y con quién.
- Involúcrate con los amigos de tu hijo o hija. Promueve que se reúnan en tu propia casa.
- Conoce a los padres de los amigos de tu hijo.
- Procura siempre ir por él o por ella cuando salga con amigos o a fiestas.
- Infórmate en la escuela de tu hijo cómo manejan y trabajan con los estudiantes la prevención de drogadicción, alcoholismo y otros riesgos.
- Organiza y promueve entre los padres de familia acciones comunes respecto a estas redes de apoyo.

12. RECOMENDACIONES FINALES

A lo largo del texto hemos compartido sugerencias para comprender, orientar y vincularse de mejor manera con el adolescente. A través de las recomendaciones que se desarrollan en este capítulo, se pretende llegar a concretar acciones específicas.

Nunca tomar una actitud o comportamiento a título personal

Insisto en este tema, porque es perfectamente razonable que los padres acostumbremos pensar que cuando el adolescente actúa de manera negativa, su única intención sea disgustarnos o contradecirnos, y por ello lo tomemos a título personal; sin embargo, ya hemos mencionado que el comportamiento indeseable del adolescente es parte natural del proceso propio de su edad.

Aunque sea difícil aceptarlo, los padres ya no ocupamos el cien por ciento de la mente de

205

nuestros hijos. El propósito de sus acciones no siempre es provocarnos una reacción.

Acabo de recibir en el consultorio a los padres de un joven pidiéndome orientación, no saben cómo tratar la baja tolerancia a la frustración, el mal humor, la impulsividad y la inconformidad absoluta de su hijo, y eso los tiene muy preocupados. Ellos creen que lo que le está afectando son tres factores principales: el nacimiento de su hermanita, problemas económicos en el hogar y falta de consistencia de los padres en su educación. Yo les comenté que, efectivamente, esos factores podrían estar influyendo, pero que aunque no existieran, de cualquier forma su hijo estaría teniendo la misma actitud, o por lo menos similar, su problema central se llama adolescencia. Ese comportamiento es característico de un joven. Yo no sé si para ellos haya sido mucho o poco pagar una consulta para que un especialista les diga que el problema de su hijo es la adolescencia, pero me deja conforme que se fueron más tranquilos.

Lo cierto es que el trato con un adolescente puede ser muy complicado y hasta llevar a los padres a pedir ayuda; es natural que se sientan agredidos con su conducta.

Elegir las batallas

El adolescente tiene muchas conductas que requieren de atención y que necesitan ser corregidas; no obstante, dedicarse a

reprenderlo por cada error que comete implicaría pasar todo el tiempo discutiendo y peleando. Por esto una importante recomendación es elegir las batallas que se quieren lidiar. Y, una vez que se haya hecho la elección, procurar ignorar o por lo menos minimizar situaciones que se hayan decidido no enfrentar.

Supongamos que se desea corregir de una sola vez todos los malos hábitos del adolescente, implicaría una labor titánica de veinticuatro horas: desde la hora de levantarse, la higiene, el arreglo personal, el orden y limpieza de su habitación, los modales en la mesa, el lenguaje y las malas palabras, el trato con el prójimo, la manía de estar todo el día usando el teléfono celular o el *ipod*, el volumen con que escucha música, los horarios para hacer la tarea, la forma en que contesta cuando se le habla y absolutamente todo lo que los padres consideren que es incorrecto. Sería un desgaste terrible para ambas partes y la mayoría de las veces no se ganaría nada, pues el mensaje que el adolescente capta es que todo lo que hace está equivocado, y así no podrá darse cuenta de sus errores. Además, la relación se deteriora muy rápido.

> Al elegir ciertas batallas se quita mucha presión, la relación es mejor, y resulta más efectivo corregir, porque hay un enfoque hacia un comportamiento específico.

¿Qué batallas elegir? Las que vayan de acuerdo a lo que los padres consideren más importante, y el resto se deja de lado para otro momento o, por lo menos, se procura no ser enfático y reiterativo en esos temas. Por ejemplo, si los padres deciden enfocarse en que el adolescente tenga su habitación limpia y ordenada, así como buenos modales en la mesa, únicamente van a corregir las conductas que estén relacionadas con estos hábitos; y se dejan de lado otras conductas que, aunque también requieran atención, no sean prioritarias.

Cuando se intentan corregir todas las acciones indeseables de una sola vez, se generan muchos conflictos y no se gana nada; además, el adolescente acabará hostigado.

Estira y afloja

El estira y afloja con el adolescente significa que en algunas circunstancias se le reprime un poco más, pero en otras se le deja libre.

Por ejemplo, no se le da permiso para ir a determinado lugar con sus amigos, pero después de una comida familiar todos los primos se organizan para ir a ese mismo lugar, y entonces sí se le permite ir. No se le da permiso para ir a una fiesta en el auto de un amigo, pero sí puede ir si sus padres lo llevan y lo recogen. Todas las noches se tiene que ir a dormir a las diez, pero cuando está de vacaciones se puede acostar más tarde.

Si siempre se exige y no se da ninguna concesión, tarde o temprano el adolescente se va a rebelar. Por ejemplo, si siempre ha sacado calificaciones de nueve y diez, y por una ocasión que saca un seis sus padres lo castigan, el chico se va a desanimar, y probablemente a partir de ese momento no vuelva a tener calificaciones altas.

No engancharse negativamente

El adolescente tiene mucho más energía que un adulto. Si los padres se ponen al tú por tú para ver quién puede más, es muy probable que acaben perdiendo.

Si, por ejemplo, la madre discute con su hijo y se comienzan a irritar, cuando ella quiera parar el problema porque ya se cansó de pelear, él no se detendrá y querrá continuar.

En una ocasión me fue a ver al consultorio una mamá que me pedía que la ayudara con su hijo, pues la exasperaba con su actitud. Me puso un ejemplo de cómo era el comportamiento de su hijo. Resulta que el joven estaba inconforme con tener que ir a la escuela, y ella le explicaba que era una obligación, y que tenía que cumplirla, y él le decía:

"A ver, dime en dónde dice que los adolescentes tenemos la obligación de ir a la escuela. Conozco a mucha gente que no se ha educado y son muy exitosos. Yo me puedo poner a trabajar en lugar de estudiar. Quién te dice que no estoy perdiendo el tiempo en la escuela cuando lo podría estar aprovechando en ser productivo".

Y la mamá se enganchaba en la discusión y trataba de convencerlo de que ir a la escuela era lo mejor para él. Y el hijo insistía: "¿Y cómo sabes qué es lo mejor para mí?".

Y la discusión llegaba a tal grado que la mamá sentía que tenía que huir, entonces se salía de su casa, pero el hijo se iba detrás de ella y hasta se le subía en el auto, y continuaba discutiendo sobre el mismo tema:

"Antes de obligarme a ir a la escuela investiga las estadísticas de cuántas personas que tienen estudios fracasan, y cuántos que no estudian son triunfadores".

Y la mamá no podía desengancharse, y continuaba tratando de convencerlo diciéndole que son las reglas y por eso tenía que ir a la escuela.

"O sea que tengo que ir a la escuela sólo porque son las reglas, ¿y quién las definió? ¿Y en qué se basaron para establecer esas reglas?", decía el joven.

Y así se podían pasar horas y horas. El hijo es muy inteligente y tiene argumentos, pero es muy terco, y la mamá se engancha en todas sus discusiones.

Lo que los padres deben hacer en situaciones similares es no darle importancia, detenerlo o simplemente hacer uso de su autoridad, y aunque puede ser chocante, decirle, incluso: "Porque lo tienes que hacer".

En cuestión de cumplir órdenes o reglas, los padres deben evitar caer en el juego de tratar de convencer al adolescente. No es posible educar tratando de convencer de lo que es conveniente.

> *Engancharse en discusiones, argumentaciones, peleas para ver quién sabe más, quien puede más o quién aguanta más, no tiene ningún sentido. El adolescente no se cansará hasta ganar o intentar tener la razón.*

Claridad en el manejo de límites

Como lo menciono en mi libro *Límites y berrinches*, los límites se refieren a la acción de establecer de manera consciente, anticipada y clara, las situaciones, actitudes, conductas o comportamientos que serán o no admitidos dentro del hogar, determinando el punto máximo que se permitirá (tolerará), así como las consecuencias que se aplicarán una vez transgredido el límite; tendrán como finalidad última evitar en la medida de lo posible las situaciones de conflicto.

Los límites se requieren desde la infancia, y continúan en la adolescencia, aunque estos se van modificando. El adolescente necesita límites, estructura, autoridad y guía para desarrollar una adecuada autoestima, confianza, seguridad, autonomía e independencia.

Los padres son los responsables de establecer los límites: especificar lo que está permitido y lo que está prohibido. Sin embargo, esto no es suficiente: porque también deben aclarar que hay una consecuencia por trasgredir esos límites y, cuando esto suceda, deberán ser muy firmes en cumplir con lo pactado. Lo que modifica la conducta en el adolescente no es la severidad del castigo, sino la consistencia en la consecuencia. De nada sirve un límite, si no hay una autoridad que lo haga valer.

> Los límites no están peleados con el amor; al contrario, poner límites es un profundo acto de amor con los hijos porque los adaptan e integran adecuadamente al entorno.

Consistencia

Los padres deben ser consistentes en sus criterios y acciones. Si en un momento dado al hijo se le permite algo que antes estaba prohibido o viceversa, sin ninguna explicación de por medio, le va a causar confusión, ansiedad y enojo. Y es natural, cuando se le permita algo va a ser motivo de alegría, pero cuando se le niegue le va a generar frustración; además, lo peor de todo es que no va a asimilar la lección que sus padres pretenden transmitir.

La consistencia tiene que ver con un enfoque congruente. Por ejemplo, si no se permite la falta de respeto, no se permite nunca, bajo ninguna circunstancia. Si el orden y la limpieza son valores importantes en el hogar, la habitación del adolescente deberá estar ordenada todos los días; no es posible que unos días parezca un basurero y otros esté para foto de revista.

La inconsistencia se refleja en los resultados. Si la madre sólo revisa la tarea una vez a la semana o cuando tiene tiempo, al final de mes puede llevarse la sorpresa de que su hijo no cumplió con todas las tareas.

La falta de consistencia tiene mucho que ver con la personalidad de los padres. Si ellos mismos no son consistentes con sus propias acciones, es complicado que puedan serlo con los hijos. También se presentan casos en que uno de ellos es consistente, pero el otro no, y esto también genera confusión en los hijos. La consistencia debe ser en equipo, del padre, de la madre, y en un mismo sentido.

No esperar respuestas inmediatas

Cuando hablamos de modificar conductas, comportamientos o actitudes, no hay que esperar una respuesta inmediata del adolescente. Generalmente, los cambios se van dando de manera gradual. Es prácticamente imposible que un cambio se pueda dar de la noche a la mañana.

La transformación se va a gestar poco a poco, sólo si hay una consistencia por parte de los padres y si el mensaje es claro para el hijo.

Para que un cambio sea verdadero, se requiere hacer un plan, poner una regla clara y manejar consecuencias anticipadas. Cuando se pretenden cambios inmediatos hay confrontaciones y conflictos.

> *Para ver una transformación en el adolescente se requiere de una postura firme y de mucha paciencia.*

Dar espacios y tiempos

El adolescente debe aprender a autoemplearse y a tener autonomía, pero para ello requiere disponer de sus propios espacios y tiempos.

Recordemos que todos los extremos son malos. Cuando a un joven se le satura de obligaciones y responsabilidades se comete el mismo error que cuando se le da todo el espacio y tiempo libre para que haga lo que quiera.

Contaré una anécdota ilustrativa. En la familia de una mujer no estaba permitido el ocio. Los padres tenían tiendas de abarrotes, y los hijos tenían que ayudar en el negocio. Era una regla: siempre tenían que estar haciendo alguna actividad, ya fuera atender a los clientes, acomodar mercancía, cargar cajas, hacer la limpieza, no era admisible que alguien estuviera sin hacer nada. Esta mujer se casó con un hombre en cuya familia sí era bien visto el ocio; cuando ya se había cumplido con las obligaciones de la escuela o de la casa, se podía disponer del tiempo libre como quisieran, y nadie les llamaba atención por esto. Esta diferencia de valores entre ambas familias causó conflictos al momento de educar a sus hijos. La madre quería que estuvieran ocupados todo el tiempo, y se encargaba de eso:

—¿Juan, qué estás haciendo?

—¡La tarea, mamá!

— Ah, bueno.

Y al poco tiempo, otra vez le preguntaba:

—¿Juan, qué haces?

—¡Nada, ma!

—Entonces baja la ropa y métela en la lavadora.

Si estaba ocupado, no había problema, pero si Juan estaba
sin hacer nada, entonces su mamá le buscaba un quehacer;
el problema era que con esta dinámica no se estaba permi-
tiendo tener libertad de hacer lo que quisiera. La madre y el
padre tuvieron que llegar a un acuerdo para no sólo respetar
el espacio de sus hijos, sino para fomentarlo.

Todas las personas necesitamos de nuestros
propios espacios y tiempos, incluso las parejas
necesitan su propio espacio. Un adolescente no
puede desarrollar sanamente su psique si nunca
tiene un momento para permitirse estar en paz
y percatarse de sí mismo.

Menos palabras y más hechos

Muchos padres acostumbran sermonear a su hijo ante cualquier oportunidad, ya sea para corregir, regañar, ilustrar, orientar, aconsejar, juzgar, enseñar o para cualquier otro propósito;
sin embargo, es fundamental entender algo contundente: con
los adolescentes los sermones no sirven de absolutamente
nada. Es posible que el único efecto positivo que pueda tener
un sermón para un joven sea que, con tal de evitárselo, decida
comportarse, por la monserga de oírlo, más que porque esté
aprendiendo algo de eso.

Los sermones de ahora tienen el mismo efecto que los regaños de antaño: cuando el adolescente actuaba bien sólo por ahorrarse que lo regañaran. Antes había padres que se podían pasar hasta una hora regañando a su hijo por algo específico, y el joven no podía ni abrir la boca. Este tipo de actitudes tampoco servían para educar.

> *Los sermones son estériles, no sirven más que para ocasionar un desgaste en ambas partes. En cambio, los hechos son contundentes. La fórmula efectiva es: más hechos y menos palabras.*

Supongamos que el adolescente quiere estar todo el tiempo con los audífonos en los oídos escuchando música en su *ipod*. Sus padres ya le han llamado la atención de cuanta manera han podido, le han dicho que es una falta de respeto a la demás gente, que está enajenado, que no lo use en la mesa mientras come, que cuando se le habla no escucha, pero el chavo no obedece y continúa con el *ipod* todo el día. En una ocasión se le recoge el aparato mientras come y se le regresa hasta que se levanta de la mesa, y así cada día. Pero si continúa con el comportamiento indeseable el resto del día, se le retiene el *ipod* por más tiempo, y si continúa sin obedecer, un día ya no se le regresa en toda la semana.

Otro ejemplo son los padres que le dicen quinientas veces al día a su hijo que ordene su habitación, y no hace caso. Para ahorrarse toda esa energía, la mamá opta por pararse en la puerta y le dice que no se va a mover de ahí hasta que termine de ordenar la habitación.

> Los adolescentes responden a acciones concretas, no a sermones.

Evitar desquiciarse

Exasperarse y perder la paciencia por el comportamiento de un adolescente es un mal negocio que normalmente sólo tiene consecuencias negativas, porque genera sentimientos de enojo, hartazgo, resentimiento y coraje.

Los padres deben saber que en algunas ocasiones el adolescente actúa con la intención de irritarlos, y cuando saben que lo consiguen continuarán haciéndolo cada vez que se lo propongan.

Los adolescentes se inmunizan a los padres cuando se violentan continuamente, es decir, cuando este tipo de comportamiento se vuelve repetitivo, se acostumbran a ello y ya no les causa ningún efecto. Van a terminar pensando: "No me importa cómo reaccione, de todas formas siempre se enoja".

Desde luego, una actitud certera y consistente, con manejo de límites, reglas, estructura y autoridad es más efectiva que un sinfín de explicaciones y de actitudes violentas.

No intentar convencer

Los adolescentes son muy inteligentes, no los podemos subestimar. Con una vez que se le expliquen las cosas es suficiente para que las entiendan. Lo que sigue después de la explicación son las acciones. No es necesario pelear todos los días y tratar de convencer a través de argumentos. Un ejemplo sería: "Ya te expliqué que en esta casa la responsabilidad es muy importante, tú eres un estudiante, y los estudiantes estudian; si tú no estudias, no estás cumpliendo con lo que te corresponde, y así no vas a poder tener privilegios, como permisos ni dinero para tus gastos".

> Una mamá me comentaba que su hija no quería llevar uniforme a la escuela, y todos los días discutían por lo mismo, porque la hija tenía mil argumentos para defender su idea, y la mamá trataba de convencerla explicándole las razones por las cuales el uniforme es importante, y era un cuento de nunca acabar. Este es un claro ejemplo de por qué no se debe intentar convencer a un adolescente, simplemente se le da una explicación como: el reglamento de tu escuela exige que los estudiantes lleven uniforme, así que si quieres seguir yendo a esa escuela, vas con uniforme, y punto, no hay otra opción. Una explicación y se acabó.

Entrar en esquemas de tratar de explicar es lo mismo que yo denomino "educar por favorcito". Por decir: "Vamos a ir a la casa de tus tíos y ya sabes que son muy especiales, por favor, te lo pido, pórtate bien". Y si el joven no le quiere hacer el favor al padre, porque un favor no es una obligación, sino una elección, ya que no hace lo que le piden. *"Porfis*, ya vístete". Convencer muchas de las veces es tanto como "educar por favorcito".

Espacios de interés mutuo

Los padres procuran que su hijo embone en las actividades que a ellos les gusta practicar e ir a los lugares que ellos prefieren, pero resulta que esto no siempre coincide con sus gustos y, probablemente, hasta sean actividades que deteste y que tenga que hacer sólo porque no le dan otra opción. De esta manera, el adolescente no disfrutará los momentos que pasa con su familia.

No se trata de que los padres realicen siempre las actividades que comúnmente son atractivas para el adolescente, lo cual podría ser hasta absurdo. Lo que se pretende es encontrar espacios de interés mutuo, es decir, aquello que disfrute tanto el adolescente como los padres (ya sea con la mamá, con el papá o con ambos).

Es probable que los espacios de interés muto no sean sencillos de identificar, pues existe una brecha generacional que hace que los gustos sean diametralmente opuestos; sin embargo, hay que buscarlos.

En mi caso, un espacio de interés mutuo con mi hijo Juan Sebastián lo encontré en la música y en las redes sociales, y podemos pasar momentos muy agradables juntos. Para fomentar este espacio adquirimos una computadora, porque a él le interesan mucho los temas de diseño y de edición de fotografías, y me enseña a bajar música, subir fotos y editar videos. Con mi hija Ivanna, en cambio, comparto otro tipo de actividades, como coleccionar ciertos objetos y los juegos de mesa.

Esta recomendación también es importante no sólo para las actividades, sino también para los lugares a los que asisten juntos, como restaurantes o destinos para vacacionar, y elegir aquellos que les gusten a ambos y que los disfruten por igual.

Ser firme

La firmeza juega un papel muy importante en los adolescentes. Se refiere a la estabilidad, la constancia y la entereza al momento de ejercer la autoridad y de fijar límites.

> Los jóvenes sólo acatan una autoridad que sea firme; si no encuentran esta característica no les inspira respeto. Esto es muy notorio con los maestros: aquellos a quienes más respetan los estudiantes son los que actúan con más firmeza y que son más estrictos.

Un padre o una madre que es firme no permite ciertas faltas por parte de su hijo, como brincar reglas, engañar, rebasar límites o no cumplir con las obligaciones. La firmeza es tan clara y precisa que él sabe perfectamente lo que no debe hacer y lo que sucede cuando comete una falta.

Para ejemplificar el tema, imaginemos a un potrillo dentro de un corral. Si el corral es demasiado abierto, el potrillo ni siquiera va a notar que existe, y se va a salir; si el corral tiene una altura baja, a la menor provocación lo va a brincar; si el corral está frágil, cuando el potrillo esté tranquilo se va a quedar adentro, pero cuando esté enojado lo va a tirar de una patada. Para la contención se requiere de un corral suficientemente cerrado, con una altura adecuada y bien reforzado. Con los adolescentes funciona igual. Para una adecuada contención se necesita una autoridad firme, que no se pueda brincar bajo ninguna circunstancia.

Hacer caso de las señales

La mayoría de adolescentes que están deprimidos, enojados o que tienen cualquier tipo de conflicto, siempre mandan señales. Estas señales a veces pueden ser muy sutiles, apenas perceptibles, poco claras o ambivalentes, pero es responsabilidad de los padres estar atentos y saber descifrarlas.

Por increíble que parezca, hay casos de padres que no se dieron cuenta que su hija estaba embarazada hasta los cinco meses de gestación; otros que no se percataron que su hijo consumía drogas hasta que ya era adicto y era necesario internarlo en una clínica de desintoxicación; o que no pusieron atención al estado de ánimo de su hijo, hasta que la depresión lo llevó al suicidio.

Hay que poner atención a los hijos y aprender a leerlos. No hay nada que no sea importante: su actitud, su estado de ánimo, su comportamiento, sus palabras, cambios de hábitos y rutinas, tipo de amistades, su aspecto, su higiene, absolutamente todo transmite un mensaje.

Es común que algunos padres justifiquen cierto tipo de comportamientos de su hijo como parte del proceso de la adolescencia y que no les den la debida importancia; no obstante, hay que conocerlo de tal forma, que puedan separar y diferenciar claramente lo que es un comportamiento natural de lo que es fuera de lo normal, e identificar el tipo de mensaje que transmite con esa actitud.

No justificar

Una costumbre habitual de los padres es justificar a su hijo por todo, ya sea para bien o para mal. Un ejemplo de justificación positiva sería: "Es que es mi hijo es súper inteligente, capaz y siempre sale bien librado". Y en sentido negativo: "Es que está enojado, pobrecito, se siente solo porque yo trabajo todo el tiempo y su papá es muy distante con él" o "Es normal que se comporte así, es un adolescente".

Justificar al adolescente lo lleva a comportamientos inapropiados o hasta riesgosos. Por ejemplo, el hecho de que los grafitis sean una moda entre ciertos grupos de adolescentes no justifica que sea algo correcto y que se deba tolerar o solapar, pues implica daño a la propiedad ajena y es un delito. Tampoco se va a justificar que el hijo o la hija se emborrachen porque ahora es normal que los jóvenes tomen grandes cantidades de alcohol; o que el joven esté deprimido y apático porque sus padres se están divorciando.

Se requiere ser lo suficientemente objetivo para no caer en la justificación de comportamientos incorrectos sólo porque es adolescente o por ciertas condiciones específicas.

Conductas normales y patológicas

Ya hemos mencionado que el contenido de este libro está enfocado a conductas que pueden considerarse como normales de los adolescentes; es decir que se encuentran dentro de ciertos parámetros.

Hay conductas que pueden considerarse como normales por diversas razones, ya sea porque es algo que ocurre siempre o habitualmente, porque no produce extrañeza, porque se ajusta a ciertas normas o porque mucha gente lo hace.

Sin embargo, delimitar estos parámetros puede no ser tarea fácil, ya que la definición de la normalidad es muy subjetiva. De hecho, en la licenciatura de Psicología se cursa una materia que se llama Normalidad y anormalidad, pues son muchos los conceptos y criterios que se deben comprender para poder determinar si una situación es estándar o si se está incurriendo en un trastorno.

Me parece muy importante hablar de este tema, pues cuando los padres enfrentan una situación delicada con su hijo adolescente, pueden tener dificultades para evaluar si determinada conducta es normal o si ya está presentando patologías de algún trastorno, como puede ser anorexia, bulimia, mitomanía, cleptomanía, drogadicción, alcoholismo, psicopatía, esquizofrenia, psicosis, neurosis, trastornos sexuales, entre otros.

Por ejemplo, tengo en consulta el caso de unos padres altamente preocupados por una situación en la que su hijo de trece años se vio involucrado. Resulta que ellos están divorciados, la mamá se volvió a casar y ahora vive en la ciudad de México, y sólo ve a su hijo los fines de semana, pues él vive en casa de sus abuelos en Puebla. El papá sólo lo ve un fin de semana al mes.

Lo que sucedió fue que un primo mayor (hijo de una hermana de la mamá) pasó unos días en casa de los abuelos, y en una oportunidad buscó la llave de la gaveta en donde acostumbran guardar el dinero, y extrajo mil quinientos pesos, le dio a su primo menor la mitad de esta cantidad y la otra mitad se la quedó él. Había más dinero en la gaveta, pero el primo menor le dijo al otro que no tomaran más. Así lo hicieron, pero el primo grande después regresó y tomo diez mil pesos más, de los cuales ya no comentó nada y mucho menos compartió. Cuando la abuela se dio cuenta de la falta de dinero culpó al nieto que vive con ella (el menor).

Es por esto que los padres estaban histéricos, pues consideraban que su hijo era un ladrón. Él explicó cómo habían sucedido los hechos y dijo que sólo era responsable de haber aceptado setecientos cincuenta pesos, y le creyeron, pero de todas formas sus papás lo estaban satanizando y estaban muy escandalizados con el hecho.

Este muchacho nunca antes había tenido una conducta similar. Les comenté a los padres que efectivamente es una situación grave que requiere de atención, pero también hay que entender que su hijo sólo tiene trece años, que el robo no fue una iniciativa de él y que probablemente fue una víctima que *no supo cómo actuar ante el comportamiento del primo, y aprovechó la oportunidad.*

Sin embargo, el primo mayor, el que llevó a cabo el doble robo, sí me parece que es mucho más grave, que su situación es muy delicada y que su comportamiento ya rasga en lo patológico.

Es por esto que en el caso de los adolescentes es todavía más complicado evaluar si una actitud o comportamiento es normal o anormal, porque no todo lo que hagan tendrá una implicación determinante en su vida adulta y, por lo tanto, se requiere de objetividad para juzgarlos y definir estrategias de cómo atender el problema.

Hace unos días recibí en mi consultorio a un adolescente de trece años, iba a cumplir catorce, muy desubicado, con una gran rebeldía, intolerante y con una falta de control de los impulsos increíble. Primero conocí a los padres, después trabajé con el adolescente una o dos veces para evaluarlo, y después de eso me llamó el papá por teléfono y me dijo que su hijo ya no iba a regresar a terapia. Yo me quedé desconcertado, y cuando pregunté la razón, me informó: "Lo tuvimos que internar en un hospital psiquiátrico porque en un momento de enojo no pudo controlar sus impulsos, tomó un cuchillo y agredió a su mamá y a su abuela; su mamá está delicada en el hospital a causa de las heridas que le causó". Estos son casos graves, porque sin duda hay una patología y es necesario que se trate con un especialista de inmediato.

Hay de casos a casos. También hay adolescentes que tienen conductas que probablemente no se consideren como patológicas, pero que caen en lo anormal, muchas de ellas originadas por la permisividad o falta de contención de los padres.

> *Tengo en consulta a una adolescente de dieciséis años, que cuando sus padres no le dan un permiso, se sale y no regresa a casa hasta cinco días después. Ellos no saben en dónde está, y la chica prefiere no regresar para que no la regañen, pero cuando vuelve, como la angustia y la desesperación ya es enorme, la reciben con bombos y fanfarrias, como si fuera la hija pródiga, y la consienten con la mejor comida, ropa lavada y planchada y le compran regalos. Y, claro, se ha convertido en un juego perverso de la adolescente, en el que cada vez se va por más tiempo. Todo es resultado de una falta de autoridad increíble de los padres, que además buscan complacerla de muchas formas para que no se vuelva a ir.*

Como dicen por ahí, nadie dijo que era sencillo ser padres. En nosotros está lograr de esta responsabilidad, una gran misión.

EPÍLOGO

El periodo de la adolescencia se caracteriza por un conjunto de cambios físicos, psicológicos, cognoscitivos, emocionales y sociales que determinan la transición entre la infancia y la adolescencia.

Como hemos visto, el tema es complejo y tiene muchas aristas. La maduración sexual, la disminución de la edad de la menarca, la postergación del matrimonio a edades mayores, el cambio de valores derivado de la urbanización, el enfrentamiento con culturas diferentes como resultado de las migraciones, la influencia de los medios de comunicación y las familias divididas, provoca que los adolescentes presenten conductas de riesgo. Dichos comportamientos son el resultado de no saber prevenir a tiempo, pueden llevar a los jóvenes a sufrir accidentes, suicidios, fármacodependencia, alcoholismo, enfermedades de transmisión sexual, abortos, embarazos e hijos no deseados; además de trastornos psicológicos, educativos, económicos, médicos que afectan tanto al joven como a los miembros de su familia.

Si logramos entender las inquietudes, motivos, formas de pensar de los adolescentes; si dejamos de especular que debemos padecerlos todo el tiempo y vivirlos como enemigos, la convivencia con ellos será más sencilla y tolerable. Lo que pretendo es que encontremos estrategias y acciones más aterrizadas que, desde el conocimiento y la conciencia, nos permitan crear vínculos con nuestros hijos y lograr una relación más armónica.

Desde estas páginas les deseo éxito en la labor que han iniciado y seguirán desempeñando con entusiasmo, amor y constancia. Sigan siendo esos padres de familia que los amigos de sus hijos quisieran haber tenido.

ÍNDICE

Adolescencia: cómo entender a tu hijo de Juan Pablo Arredondo
se terminó de imprimir y encuadernar en noviembre de 2012
en Quad/Graphics Querétaro, S. A. de C.V.
lote 37, fraccionamiento Agro-Industrial La Cruz
Villa del Marqués, QT-76240